Kim Augusto Zanoni
Maiko Roberto Maier

DIREITO CORPORATIVO

As operações societárias na prática

GZ
EDITORA
Rio de Janeiro
2019

1ª edição – 2019

Presidente do Conselho Editorial
Nelson Nery Costa

Diagramação
Olga Martins

CIP – Brasil. Catalogação-na-fonte.
Sindicato Nacional dos Editores de Livros, RJ.

Z36d

Zanoni, Kim Augusto
Direito corporativo: as operações societárias na prática / Kim Augusto Zanoni, Maiko Roberto Maier. - 1. ed. - Rio de Janeiro: LMJ Mundo Jurídico, 2019.
108 p.; 24 cm.

Inclui índice
ISBN 978-85-9524-055-1

1. Direito comercial - Brasil. 2. Sociedades por ações - Brasil. I. Maier, Maiko Roberto. II. Título.

18-53943

CDU: 347.7(81)

GZ EDITORA

e-mail: contato@editoragz.com.br
www.editoragz.com.br
Av. Erasmo Braga, 299 – sala 202 – 2º andar – Centro – Rio de Janeiro – RJ – CEP 20010-170
Tels.: (0XX21) 2240-1406 / 2240-1416 – Fax: (0XX21) 2240-1511

Impresso no Brasil
Printed in Brazil

DEDICATÓRIA

Se nos foi possível ousar, superar expectativas e alcançar um objetivo pautado, foi porque nos apoiamos sobre os ombros de gigantes. DEUS nos agraciou com o convívio diário ao lado simplesmente dos melhores, cada qual em sua singularidade.

Kim: Agradeço em especial aos meus pais Valéria e Avelino, meu querido padrasto Antônio Carlos, e minha amada irmã Yasmin, pelo companheirismo e suporte de toda uma vida, viabilizando a busca deste sonho.

Maiko: Agradeço minha doce esposa Flávia e minha amada filha Alice por todo o apoio e conforto que me concederam ao longo dessa intensa jornada; meus pais Juanita e Erivald, e minha irmã Mayara, por terem me guiado através dos melhores valores da vida.

Agradecemos pelo apoio hodierno de nossa equipe de trabalho, da Silva e Silva Advogados Associados, composta por profissionais notáveis, aqui destacando, em especial, ao Dr. Antonio Fernando do Amaral e Silva, nosso notável mestre, ao Dr. Celso Almeida da Silva, nosso líder em cada frente de batalha, e à Dra. Cássia Cristina da Silva, por guiar com sensibilidade os rumos de nossos projetos profissionais. Nossos brilhantes sócios Dr. Pedro e Dr. Willian, que contribuíram com a troca constante de conhecimento técnico.

Agradecemos à Dra. Tânia da Silva Pereira, por seu suporte editorial e sua disponibilidade imediata em auxiliar-nos nesse singelo desígnio.

Em tempos em que a informação é cada vez mais volúvel, e os valores tradicionais são reputados cada vez mais como obsoletos, ousamos caminhar na contramão, reproduzindo e compartilhando de maneira clássica um pouco do que vivenciamos ao longo de anos de enfrentamento de variadas porfias jurídicas.

Esperamos que gostem do livro. Com carinho!

PREFÁCIO

Vivemos uma era onde a rapidez dos acontecimentos, da informação, exige dos profissionais rápido *feedback*, não havendo tempo para extensos ensaios ou demoradas pesquisas.

Tratados e pesquisas ficaram restritos às academias e aos que pretendem aprofundar teorias, opiniões e ideias.

Os problemas e dificuldades do dia a dia do profissional exigem resposta rápida, de modo que na era da informação, da *internet*, salvo para os teóricos e o meio acadêmico, é que tem sentido, utilidade, tratados e longas reflexões.

Extensas obras, repletas de citações, pesquisas, cederam lugar a produtos com informações objetivas, sintéticas, claras, práticas.

Este é um livro de utilidade prática.

Conciso, objetivo é Indispensável à biblioteca do operador do Direito, advogado, contador, economista, gestor de negócios, numa palavra, do executivo.

O especialista tem de dispor de informação rápida com elementos concretos que lhe proporcionem imediata resposta.

Experientes advogados, os autores, em poucas páginas, com rara propriedade e incomum poder de síntese reuniram esclarecimentos que normalmente ocupariam dezenas de laudas.

Questões controversas são esclarecidas de forma direta de modo a facilitar o trabalho do profissional.

Além da abordagem teórica, o leitor encontrará de forma didática a prática de importantes institutos jurídicos: exemplo de contratos de transformação, fusão, incorporação, cisão, compra e venda pura e simples de sociedades comerciais; *valuation; due diligence*; governança corporativa, acordos de sócios ou acionistas; proteção patrimonial, entre outros.

As matérias com singular objetividade e clareza acham-se assim sistematizadas:

No Capítulo 1 são apresentados conceitos básicos e introdutórios, cuja compreensão é indispensável para que o leitor possa apropriar com a devida extensão as questões relacionadas às operações societárias, objeto dos capítulos seguintes.

Conceitos como personalidade jurídica, atividade empresarial, capital social, patrimônio, princípio da garantia, responsabilidade do sócio, responsabilidade do administrador, noções de escrituração contábil, tipos de sociedades, liquidação de sociedades são objeto de análise.

O Capítulo 2 tem como objeto imediato os tipos de operações societárias. Nele são apreciadas as características básicas e especificidades de cada uma das operações, por tipo: transformação, fusão, incorporação, cisão, compra e venda pura e simples.

No terceiro Capítulo, são abordados os aspectos práticos que envolvem a negociação e a estruturação das operações societárias: *valuation*; estruturação do projeto da operação; *due diligence*; contratos; governança corporativa e acordos de sócios ou acionistas; e ainda proteção patrimonial.

O último Capítulo aborda os litígios envolvendo operações societárias, seus diferentes ritos, procedimentos e possibilidades: litígios judiciais, ações cautelares, prestação de contas, dissolução parcial e total de sociedade, recuperação judicial e falência; e juízo arbitral.

Em anexo, são apresentados modelos de documentos utilizados para estruturação das operações societárias, tais como contratos de compra e venda e acordos de sócios e acionistas.

Os esclarecimentos a respeito da prática desse novo ramo de atividade, o Direito Corporativo, contidos neste livro constituem importante contribuição ao profissional que necessita pronta resposta às dificuldades do cotidiano.

Antônio Fernando do Amaral e Silva
Advogado e sócio do Silva & Silva
Advogados Associados, de Florianópolis/SC,
desembargador aposentado do Tribunal de Justiça de
Santa Catarina, ex-Presidente do Tribunal de Justiça de
Santa Catarina, bacharel em Direito pela Universidade
Federal de Santa Catarina, professor e palestrante em
Direito Penal e Direito da Criança e do Adolescente em
diversos eventos nacionais e internacionais.

APRESENTAÇÃO

Foi com indisfarçável júbilo que recebi dos meus sócios, os brilhantes advogados Maiko e Kim, o convite para tecer algumas considerações a título de apresentação sobre essa simples, sedutora, direta e didática obra intitulada inteligentemente de Operações societária.

O livro está fadado a ter uma enorme repercussão entre os operadores do direito , contadores e administradores, não só em razão das virtudes extraídas da própria personalidade dos autores, como também na formação cultura e intelectual que os mesmos detém em seus currículos de excepcionais e experientes advogados que são. O trabalho em si apresenta entre outras virtudes a do caráter original e didático das matérias escolhidas para compô-lo. De fato, temos um curso de Direito Societário, onde os autores abordam temas próprios e didáticos, trazendo de forma clara, a prática que possuem ao longo da caminhada na área jurídica como advogados brilhantes que são. Está obra sem dúvidas poderá ser usada por acadêmicos e por todos os operadores do direito que buscam maior entendimento sobre a matéria, e na prática a todos os envolvidos no dia a dia dos negócios empresariais.

Cai em boa hora este trabalho em momento de crise empresarial, encerramento de umas e abertura de novas empresas, readequação de estruturações societárias, onde o empresário está buscando melhores resultados em momentos de turbulência empresarial.

É portanto, obra que interessa a todos os estudiosos do direito e do ramo empresarial e contábil, pela riqueza das suas afirmações e pelo desvendar de eficientes e novas soluções práticas no direito societário brasileiro. Difícil se torna destacar dentre tantas afirmações e soluções práticas qual a mais acertada, pois os autores previram todas as hipóteses. Este livro apresentado terá o reconhecimento que merece, o que premiará seus autores pelo trabalho insinuante e provocador. Sem a menor dúvida este livro será recebido pelos seus leitores com a melhor acolhida e, em consequência, com a consagração merecida por esses jovens e talentosos advogados que tenho muito prazer de chamar de sócios.

Celso Almeida da Silva
Advogado e sócio-fundador do Silva & Silva Advogados Associados, especialista em Direito Penal Empresarial, bacharel em Direito pela Universidade Gama Filho.

CURRÍCULO DOS AUTORES

KIM AUGUSTO ZANONI
Advogado e sócio do Silva & Silva Advogados Associados, de Florianópolis/SC, especialista em Direito Tributário pelo Instituto Brasileiro de Estudos Tributários, e em Direito Empresarial e Advocacia Empresarial pela Universidade Anhanguera. Bacharel em Direito pela Universidade do Vale do Itajaí, na época (2011), foi considerado o advogado mais jovem do Brasil, aos 19 anos. Professor e palestrante de temas de Direito Tributário em diversos eventos em todo o território nacional.

MAIKO ROBERTO MAIER
Advogado e sócio do Silva & Silva Advogados Associados, de Florianópolis/SC, especialista em Análise Tributária pela Universidade do Vale do Itajaí. Bacharel em Direito pela Universidade do Vale do Itajaí. Professor e palestrante em matéria de Direito Corporativo em diversos eventos em todo o território nacional.

ÍNDICE SISTEMÁTICO

capítulo 3
ESTRUTURAÇÃO DE OPERAÇÕES SOCIETÁRIAS

capítulo 4
LITÍGIOS

ANEXOS

capítulo 1

CONCEITOS

A estruturação de operações societárias pressupõe o conhecimento de conceitos jurídicos que balizam toda a estrutura do segmento

1.1. Personalidade Jurídica

"Toda pessoa é capaz de direitos e deveres na ordem civil", enuncia a primeira linha, artigo 1º do atual Código Civil de 2002 (Lei Federal nº 10.406/2002). É o dispositivo que consagra a dupla capacidade, no sentido jurídico, de todas as pessoas, naturais ou jurídicas, a capacidade para ser sujeito de direitos (*capacidade de direito*), e a capacidade para exercer direitos (*capacidade de fato*).

A personalidade é, assim, no sentido jurídico da palavra, a qualidade que confere ao seu sujeito a capacidade de direito e de fato, a capacidade de ser sujeito de direitos e de exercer direitos.

A personalidade divide-se em *personalidade física* ou *natural* e em *personalidade jurídica*. A primeira é de fácil apreensão, eis que a cada ser humano com existência física e real corresponde uma *pessoa natural* – cada indivíduo, homem ou mulher, é *per se* capaz de exercer e de ser sujeito de direitos.

A pessoa jurídica – objeto deste trabalho – é, por sua vez, um *ente moral, fictício* ou *abstrato*, um conjunto de pessoas ou bens que adquire personalidade jurídica por *ficção legal*. A personalidade jurídica é, assim, um atributo outorgado pela ordem jurídica aos conjuntos de pessoas e bens que preencherem os requisitos por ela estipulados.

Possui a existência distinta da de seus membros – os direitos dos quais é sujeito ou exercente são diversos daqueles das pessoas e bens que a compõem. Possui patrimônio e vontade próprios.

Enquanto dividem-se em pessoas jurídicas *de direito público* e *de direito privado*, interessa-nos, para o presente estudo, o estudo das últimas, marcadamente do gênero *sociedades*.

A pessoa jurídica passa a existir a partir da inscrição do seu ato constitutivo (contrato social ou estatuto social) no respectivo registro (artigo 46 do Código Civil). As sociedades simples são registradas nos Cartórios de Registro de Pessoas Jurídicas – salvo as sociedades cooperativas. As sociedades empresárias, e as cooperativas, nas Juntas Comerciais.

Os atos da pessoa jurídica, judiciais ou extrajudiciais, ativa ou passivamente, são realizados obrigatoriamente por uma pessoa natural, que, na esteira da *teoria orgânica*, manifesta a vontade da pessoa jurídica, vinculando-a (artigo 47 do Código Civil).

1.2. Atividade empresarial

Nem toda atividade desenvolvida por um agente econômico é atividade empresarial. Para definir quais são os agentes submetidos ao regime jurídico do Direito Empresarial, optou o legislador por fixar um critério material para a definição do *empresário*, e que se encontra inscrito no artigo 966 do Código Civil: "considera-se empresário quem exerce profissionalmente atividade econômica organizada para a produção ou a circulação de bens ou de serviços".

Conforme se pode inferir da redação do dispositivo legal, são os requisitos: [a] atividade econômica, atividade exercida com intuito lucrativo; [b] profissionalidade – atividade exercida de forma profissional; [c] organização dos fatores de produção (insumos, mão-de-obra, capital, tecnologia); [d] produção ou circulação de bens ou serviços para o mercado.

Esse critério, contudo, por pura e simples opção legislativa, não se aplica a determinados agentes que, inobstante exerçam atividade econômica, não são empresários.

É o caso, por exemplo, dos profissionais intelectuais ou liberais – advogados, médicos, professores, etc –, por expressa dicção legal do parágrafo único do artigo 966 do Código Civil: "não se considera empresário quem exerce profissão intelectual, de natureza científica, literária ou artística, ainda com o concurso de auxiliares ou colaboradores, salvo se o exercício da profissão constituir elemento de empresa".

Com efeito, tais atividades de natureza exclusivamente intelectual só podem ser incluídas no conceito de empresa quando a organização dos fatores de produção for mais importante que a atividade pessoal desenvolvida (Enunciados nº 193 e 194 da III Jornada de Direito Civil do CJF/STJ). Segundo o Enunciado nº 195 da III Jornada de Direito Civil do CJF/STJ, "a expressão 'elemento de empresa' [utilizada pelo parágrafo único do artigo 966 do Código Civil] demanda interpretação econômica, devendo ser analisada sob a égide da absorção da atividade intelectual, de natureza científica, literária ou artística, como um dos fatores da organização empresarial".

É o caso, por exemplo, quando há contratação de terceiros para o desempenho da atividade-fim. Imagine-se um grande cursinho pré-vestibular, com a contratação de dezenas de professores para desempenho da função – a pessoa jurídica assume a feição de organizadora do empreendimento e, portanto, é considerada empresa.

O Superior Tribunal de Justiça já decidiu, por exemplo, que sociedades de advogados "são estabelecimentos de índole empresarial, por exercerem atividade econômica organizada com fins lucrativos" (*v.g.* AgRg no REsp 978.852/PR, Rel. Ministro MAURO CAMPBELL MARQUES, SEGUNDA TURMA, julgado em 15/06/2010, DJe 28/06/2010).

Assim, uma sociedade será empresária ou não na medida em que exerça ou não atividade empresarial. E a distinção é importante porque define as normas às quais subordinar-se-á a sociedade, se de direito civil ou de direito comercial ou empresarial.

Com efeito, sociedades simples, que não se enquadram no conceito de empresárias, são regidas por regras de direito civil ordinárias, sendo inscritas no Cartório de Registro de Pessoas, e sujeitando-se, em caso de "quebra", à regência da insolvência civil prevista no Código Civil.

As sociedades empresárias são regidas por normas de direito empresarial no que tange à falência e à recuperação judicial e extrajudicial (Lei Federal nº 11.101/2005), e são inscritas nas Juntas Comerciais.

Excepcionam-se do critério material do artigo 966 do Código Civil o exercente de atividade rural, a sociedade cooperativa e a sociedade por ações. Isso porque, para o primeiro, não é o objeto explorado pela sociedade que define sua natureza empresarial. Aquele que exerce atividade rural possui a faculdade, de acordo com o Código Civil (art. 984), de se registrar ou não perante a Junta Comercial – fato que define a natureza empresarial ou não da sua atividade.

O Enunciado nº 202 do CJF/STJ, III Jornada de Direito Civil, diz que "o registro do empresário ou sociedade rural na Junta Comercial é facultativo e de natureza constitutiva, sujeitando-o ao regime jurídico empresarial. É inaplicável esse regime ao empresário ou sociedade rural que não exercer tal opção".

Relativamente à sociedade cooperativa e à sociedade por ações, o critério é legal: o parágrafo único do artigo 982 do Código Civil é expresso no sentido de que "independentemente de seu objeto, considera-se empresária a sociedade por ações; e simples, a cooperativa".

1.3. Capital social

O capital social de uma sociedade é o conjunto de recursos reais, suscetíveis de apreciação econômica, aportado a uma atividade empresarial. É o valor aplicado pelos sócios no momento da constituição da empresa, para que inicie suas atividades.

Deve ser, a teor do art. 997, III, do Código Civil, sempre expresso em moeda corrente nacional, razão pela qual se atribui, sempre, no momento da subscrição do capital social, um valor a cada bem móvel, imóvel ou semovente, material ou imaterial, que é aportado à empresa.

Com efeito, na sociedade limitada todos os sócios são responsáveis solidariamente perante a sociedade pela exata estimação dos bens que lhe são aportados.

Nas sociedades anônimas, por sua vez, a realização de capital em bens requer avaliação dos bens "por 3 (três) peritos ou por empresa especializada, nomeados em assembleia-geral dos subscritores" (art. 8º da Lei Federal nº 6.404/1976), mediante apresentação de laudo fundamentado, respeitado o procedimento previsto no dispositivo legal pertinente. A responsabilidade, nesse caso, perante a companhia, é pessoal dos avaliadores e do subscritor (art. 8º, § 6º, Lei Federal nº 6.404/1976).

Doutro lado, o aporte de capital social em serviços é expressamente vedado pelo ordenamento jurídico pátrio, *salvo* nas sociedades cooperativas (art. 1.094, I, do Código Civil) e nas sociedades simples propriamente ditas (art. 983 do Código Civil). Nesse caso, os serviços aplicados ao aporte de capital deverão necessariamente ser prestados em atividade específica da sociedade, sob pena de o sócio de indústria ser privado dos lucros e até mesmo excluído (art. 1.006 do Código Civil).

Relativamente à sociedade, o capital é dividido em quotas ou ações, seja a sociedade de pessoas ou de capital, as quais devem ser subscritas e integralizadas por cada sócio. À subscrição, que é a assunção do compromisso de adquirir as parcelas de capital da sociedade, que ocorre no momento da assinatura do contrato ou estatuto social, corresponde a integralização, que é o efetivo desembolso, do sócio para a sociedade, do montante de capital subscrito.

De fato, o sócio *remisso*, isto é, aquele que está em mora quanto à integralização de suas quotas ou ações, responde ao dano causado à sociedade em razão do não cumprimento do compromisso assumido: "os sócios são obrigados, na forma e prazo previstos, às contribuições estabelecidas no contrato social, e aquele que deixar de fazê-lo, nos trinta dias seguintes ao da notificação pela sociedade, responderá perante esta pelo dano emergente da mora" (art. 1.004 do Código Civil).

Poderão os demais sócios, inclusive, se for o caso, deliberar pela exclusão do sócio remisso (art. 1.004, § único, do Código Civil, e art. 107, II, da Lei Federal nº 6.404/1976), podendo, no caso da sociedade anônima, mandar executar as importâncias devidas, sem prejuízo da cobrança dos danos emergentes.

O capital social pode, ainda, ser reduzido ou aumentado, de acordo com a vontade dos sócios ou acionistas, ou, ainda, reduzido ou aumentado o valor das quotas e, inversamente, o número delas.

Enquanto seja o conjunto de bens afetos à atividade empresarial, é importante esclarecer que o capital social é simplesmente o valor inicialmente aportado à empresa, mas que não corresponde, na maioria das vezes, ao patrimônio que pertence à pessoa jurídica. Isso porque o capital social se desdobra, no decorrer da atividade empresarial, com investimentos e aplicação de trabalho por parte do empresário, em um novo e dinâmico complexo de bens que é efetivamente o patrimônio, mas que compreende uma outra noção e diversa forma de escrituração.

1.4. Patrimônio

Em sentido amplo, pode-se definir *patrimônio* como tudo o que a pessoa jurídica possui. Traduzindo para uma linguagem jurídica, cabe conceituá-lo como uma *universalidade de bens e direitos* da pessoa jurídica – "o complexo de relações jurídicas, de uma pessoa, dotadas de valor econômico" (artigo 91 do Código Civil). Trata-se do conjunto de bens, direitos e obrigações que a pessoa possui.

Bens: estoques de mercadoria; bens móveis; instalações; galpões; prédios; outros imóveis; veículos; entre outros.

Direitos: valores a receber; contratos; entre outros.

Obrigações: dívidas contratuais; financiamentos; tributos a pagar; entre outros.

O conjunto de bens e direitos denomina-se, contabilmente, *ativo*. O conjunto de obrigações, *passivo*. O patrimônio é, assim, o conjunto de ativos e passivos da pessoa jurídica. Alcança-se pela seguinte fórmula:

BENS + DIREITOS + OBRIGAÇÕES = PATRIMÔNIO

Existe ainda o conceito contábil de *patrimônio líquido*, que significa a diferença entre o patrimônio ativo e o patrimônio passivo, e que representa, ao final, o valor *líquido* de patrimônio que a pessoa possui, que pode ser positivo ou negativo.

ATIVO – PASSIVO = PATRIMÔNIO LÍQUIDO

Importante registrar que o patrimônio da pessoa jurídica não significa *capital social registrado*, embora olhares mais desatentos possam fazer essa confusão. Isso porque o capital social é um valor determinado que é aportado à atividade empresarial, e ao qual não possuem os sócios direito a devolução.

Com efeito, a sociedade possuirá lucro ou prejuízo conforme seja positivo ou negativo o resultado da subtração do capital social do valor total de patrimônio líquido da sociedade ao final de um determinado exercício. Se o patrimônio líquido, ao final do exercício, for maior do que o capital social aportado inicialmente, é porque a sociedade teve lucro. Se menor, é porque teve prejuízo.

PATRIMÔNIO LÍQUIDO – CAPITAL SOCIAL = RESULTADO

Deve-se observar, ainda, que nem sempre os valores patrimoniais definidos na escrituração da empresa quantificam adequadamente o valor de mercado do patrimônio da pessoa. Isso ocorre em razão da dinâmica do mercado, que flutua diariamente para cima e para baixo, com certa margem de subjetividade, ao passo que a escrituração contábil obedece ao Princípio do Registro pelo Valor Original, que determina que os elementos que compõem o patrimônio devem ser registrados pelos valores originais das transações, quantificados em moeda corrente nacional.

1.5. Princípio da Garantia

É preceito geral do ordenamento jurídico pátrio a ideia de que o conjunto de bens e direitos (patrimônio "bruto") do devedor respondem por suas dívidas, integral e solidariamente. Todo o ativo responde pelo passivo. Trata-se do princípio da garantia, expresso e literalmente transcrito no Código de Processo Civil, artigo 789: "O devedor responde com todos os seus bens presentes e futuros para o cumprimento de suas obrigações, salvo as restrições estabelecidas em lei".

A garantia geral obedece aos princípios da generalidade (todos os bens respondem por todas as dívidas) e da igualdade (a responsabilidade é solidária e proporcional). Do ponto de vista do credor, todas as dívidas são pagas proporcionalmente, de forma igualitária, quando da excussão de cada parcela do patrimônio.

São princípios que comportam ampla flexibilização e várias exceções, decorrentes de regimes legais próprios de responsabilidade em separado de determinado patrimônio (*v.g.* o bem de família, etc), além das decorrentes de regimes convencionais (*garantia convencional*).

Em relação aos regimes legais que excepcionam a garantia geral, existem aqueles que retiram do regime de garantia determinados bens, como, por exemplo, o que ocorre com o bem de família legal ou convencional, cuja regulamentação encontra-se na Lei Federal nº 8.009/1990, ficando "destacado" do restante do ativo e do passivo do patrimônio, e é impenhorável, não respondendo "por qualquer tipo de dívida civil, comercial, fiscal, previdenciária ou de outra natureza, contraída pelos cônjuges ou pelos pais ou filhos que sejam seus proprietários e nele residam" (art. 1º da Lei Federal nº 8.009/1990), ressalvadas as exceções já designadas na lei – dívidas decorrentes do próprio imóvel (*v.g.* financiamento, IPTU, hipoteca, dívidas trabalhistas de trabalhadores da própria residência) ou pensão alimentícia. Também responde com seu bem de família o fiador de contrato de locação.

Também há os regimes de preferência para determinados credores na excussão dos bens do devedor, excepcionando o princípio da igualdade no concurso de credores, o que já era autorizado pelo artigo 711 do antigo Código de Processo Civil, hoje revogado, mas cuja regra continua valendo pela própria lógica do processo de execução: "Concorrendo vários credores, o dinheiro ser-lhes-á distribuído e entregue consoante a ordem das respectivas prelações; não havendo título legal à preferência, receberá em primeiro lugar o credor que promoveu a execução, cabendo aos demais concorrentes direito sobre a importância restante, observada a anterioridade de cada penhora".

De forma geral (execução, insolvência civil, herança, etc), a classificação dos créditos encontra-se estipulada em Título próprio no atual Código Civil, artigos 955 a 965, enquanto na falência a preferência já vem expressa nos artigos 83 e 84 da Lei Federal nº 11.101/2005. Os credores com preferência terão seus créditos pagos em primeiro lugar no caso de excussão do patrimônio do devedor, de acordo com a ordem de preferência, que, em se tratando de pessoa jurídica, é a seguinte:

a) Créditos da legislação trabalhista (*v.g.* saldos de salário, férias vencidas), até o limite de 150 (cento e cinquenta) salários mínimos, e créditos de acidente de trabalho, sem limite;
b) Créditos com garantia real (hipoteca, penhor, etc), até o limite do bem gravado;
c) Créditos tributários, exceto multas;
d) Créditos com privilégio especial (estabelecidos no artigo 964 do Código Civil e na legislação esparsa, como por exemplo o crédito do leiloeiro [comissão] sobre a coisa leiloada);
e) Créditos com privilégio geral (estabelecidos no artigo 965 do Código Civil e na legislação esparsa, como por exemplo as custas judiciais);
f) Créditos quirografários (os demais, ou os saldos dos créditos que não foram pagos integralmente com o produto da alienação dos bens que lhes eram vinculados);
g) Multas contratuais, penas pecuniárias penais ou administrativas, multas tributárias;
h) Créditos subordinados (previstos em contrato ou lei e créditos de sócios e administradores sem vínculo empregatício);

Importante verificar que a lei brasileira sempre ressalvou a preferência dos créditos tributários, com largos privilégios e prerrogativas processuais (*v.g.* arts. 29 a 31 da Lei Federal nº 6.830/1980; art. 187 do Código Tributário Nacional)

Outrossim, os regimes de preferência para execução de determinados bens – alguns bens preferem outros na ordem de penhora, a teor do estampado na redação do artigo 835 do Código de Processo Civil. Assim, a penhora de dinheiro servirá para pagar uma dívida antes da de um veículo, que servirá para pagar uma dívida antes de um outro determinado bem móvel com valor de mercado, e assim sucessivamente, até o completo adimplemento, na seguinte ordem:

a) Dinheiro;
b) Títulos da dívida pública da Fazenda Pública com cotação em mercado;
c) Outros títulos e valores mobiliários com cotação em mercado;
d) Veículos de via terrestre;
e) Bens imóveis;
f) Outros bens móveis;
g) Bens semoventes;
h) Navios e aeronaves;
i) Ações e quotas sociais (sem cotação em bolsa);
j) Percentual do faturamento da sociedade devedora;
k) Pedras e metais preciosos;
l) Direitos aquisitivos de promessa de compra e venda e alienação fiduciária;
m) Outros direitos.

Ainda, há aqueles casos em que a lei atribui responsabilidade específica, dando preferência a determinadas dívidas no caso de excussão de determinados bens. É o caso de dívidas de bem imóvel (por exemplo: IPTU, condomínio), cuja execução recai direto e preferencialmente sobre o próprio imóvel, mesmo que bem de família (regime da obrigação *propter rem*).

No campo convencional também existem figuras jurídicas que flexibilizam a garantia geral. Em primeiro lugar, e com ampla pertinência relativamente ao presente estudo aquelas atinentes à afetação de determinado patrimônio, atribuindo-o a um projeto específico – a criação da sociedade de propósito específico, ou até mesmo a integralização de determinado capital em uma outra pessoa jurídica – sociedade, fundação ou associação.

Ademais, a eleição de um bem de família convencional, como já dito, retira-o do campo de responsabilidade, ressalvadas as estreitas exceções previstas em lei e já mencionadas.

Também, as formas negociais de atribuição de garantia real, como a hipoteca, o penhor e a anticrese, criam vínculo preferencial e específico do bem dado em garantia com a dívida garantida. Esses bens ou direitos ficam, em decorrência do regime da garantia real, separados do restante do patrimônio no que tange à garantia geral, e a ela se submeterão apenas em caso de adimplemento daquela obrigação à qual se encontram vinculados.

Oportuno, por derradeiro, e não menos importante, as figuras jurídicas de atribuição de responsabilidade ao patrimônio de um indivíduo em virtude de dívida de outro (garantia pessoal), como ocorre, a título de exemplo, na fiança ou no aval, e que devem ser tomadas em consideração no momento de mensuração dos riscos de operações que envolvam responsabilidade patrimonial.

Assim, enquanto a regra é a responsabilidade solidária e geral do patrimônio do devedor pela generalidade dos créditos, existe uma série de normas que relativizam a garantia geral, trazendo uma enorme lista de privilégios e preferências, e um amplo leque de possibilidades.

Do lado do credor, é importante atualizar-se acerca da situação patrimonial do devedor, bem assim possuir pleno conhecimento das possibilidades jurídicas de garantir o seu crédito, tais como a ação de nulidade, ação pauliana, possibilidade de sub-rogação, medida cautelar de arresto ou sequestro, entre outros, com o fim de evitar surpresas desagradáveis.

1.6. Responsabilidade do sócio

A responsabilidade é regra estabelecida pelo ordenamento jurídico para o cumprimento das obrigações. Com efeito, via de regra, a responsabilidade patrimonial é particular – cada indivíduo responde com seu patrimônio por suas obrigações.

O artigo 391 do Código Civil: "Pelo inadimplemento das obrigações respondem todos os bens do devedor". Isso vale tanto para a pessoa física quanto para a pessoa jurídica. O patrimônio de uma e de outra responde única e exclusivamente pelas suas obrigações próprias.

No caso da pessoa jurídica, vale a mesma regra. São pessoas, no sentido jurídico do termo, que têm, por ficção jurídica, vontade própria, e possuem bens, direitos e obrigações que lhe são vinculados. Uma associação, uma fundação, um partido político, uma sociedade, têm responsabilidade patrimonial pelo seu próprio passivo – seus bens e direitos respondem pelas suas obrigações, e tão somente por elas.

A personificação da pessoa jurídica cria um patrimônio separado daquele das pessoas físicas que a constituíram, mas que não traz incomunicabilidade, por si só, entre eles. No caso da sociedade, a particularidade fica por conta do exercício da atividade produtiva, que é, em sua essência, atividade de risco e potencialmente perigosa.

Com a comunicabilidade entre o patrimônio da sociedade e o de seus sócios, assumem estes o integral risco da atividade produtiva e por ela respondem. De fato, a regra geral conduz à responsabilidade solidária e ilimitada do sócio pela empresa. Assim, em caso de falência do empreendimento, os bens do sócio são chamados à garantia geral dos credores, mesmo que não afetos à atividade.

Com o objetivo de estimular o desenvolvimento da atividade produtiva, o Direito desenvolveu o que conhece por *limitação da responsabilidade da pessoa jurídica*, que se trata, na prática, de limitar a responsabilidade pela atividade produtiva ao patrimônio da pessoa jurídica que lhe é afeta, impedindo-a de atingir o patrimônio dos sócios.

A responsabilidade limitada, pelo contrário, dá ao sócio garantia de que os riscos da atividade empresarial não atingirão seu patrimônio pessoal, mas ficarão restritos ao patrimônio da sociedade, àquele patrimônio que foi afetado à atividade.

Com efeito, o ordenamento jurídico brasileiro prevê a existência tanto de sociedades de responsabilidade ilimitada, em que o sócio responde subsidiária mas ilimitadamente pelas obrigações da sociedade, como de sociedades de responsabilidade limitada.

Nas sociedades de responsabilidade ilimitada, os bens e direitos são patrimônio especial da sociedade, que responde pelas dívidas sociais, respondendo os sócios subsidiariamente em caso de não ser o ativo suficiente para saldar o passivo, de forma proporcional à participação social – salvo se o contrário estipular cláusula de solidariedade, caso em que todos respondem por toda a dívida, que pode ser executada, inclusive, contra apenas um deles (art. 1.023 do Código Civil).

Regra geral, existe benefício de ordem para os bens sociais, que deverão ser executados em primeiro lugar, antes do patrimônio dos sócios, que só será excutido caso o ativo da sociedade não seja suficiente para quitar o seu passivo. É o que diz o artigo 1.024 do atual Código Civil: "Os bens particulares dos sócios não podem ser executados por dívidas da sociedade, senão depois de executados os bens sociais".

Por outro lado, no caso da sociedade de responsabilidade limitada, o limite para o princípio da garantia geral é o patrimônio da pessoa jurídica. Por isso, se diz que o sócio responde até o limite do capital social, já que apenas o patrimônio da sociedade é que pode responder pelas suas obrigações.

Caso o capital da sociedade de responsabilidade limitada não haja sido totalmente integralizado, todos os sócios respondem solidariamente pelo montante prometido à integralização, até esse limite. É essa a exegese da limitação da responsabilidade do sócio.

1.7. Administração e responsabilidade do administrador

Enquanto a pessoa jurídica é uma unidade orgânica de pessoas ou bens com personalidade jurídica própria, continua sendo um ente moral ou abstrato, cuja existência está subordinada a uma ficção jurídica. Inobstante, são sujeito de direitos e obrigações, atuando na vida jurídica com personalidade diversa da dos seus membros.

Para que possa exercer os atos da vida civil, a pessoa jurídica também se vale de ficção jurídica, através da qual agem os administradores como *longa manus* da pessoa jurídica. É esse o corolário da *teoria orgânica*, segundo a qual as pessoas físicas que compõem os órgãos da pessoa jurídica praticam os atos da pessoa jurídica como se fossem ela própria. O administrador de uma sociedade não é dela mandatário nem a representa, mas externa a vontade da própria sociedade.

Dentre as funções do administrador estão praticar todos os atos da vida civil da sociedade, assim como decidir sobre todos os negócios e questões de interesse da sociedade, gerindo-lhe a atividade empresarial e as finanças, assinando contratos e títulos de crédito, movimentando contas bancárias, apresentando demonstrações financeiras, entre outros.

E em razão de ser um órgão da pessoa jurídica, assevera o Código Civil em seu artigo 47: "obrigam a pessoa jurídica os atos dos administradores, exercidos nos limites de seus poderes definidos no ato constitutivo". Com efeito, ao administrador é defeso agir além dos poderes que lhe foram outorgados no ato constitutivo, sob pena de o ato não obrigar a própria pessoa jurídica, respondendo o administrador pessoalmente pelos excessos que gerarem danos a terceiros.

Com efeito, *se o administrador pratica ato regular de gestão*, esse ato vincula a sociedade, que responde sozinha por ele. Por isso, o administrador "não é pessoalmente responsável pelas obrigações que contrair em nome da sociedade e em virtude de ato regular de gestão; (...)" (art. 158 da Lei Federal nº 6.404/1976).

Por outro lado, há responsabilidade pessoal do administrador toda vez que agir com *excesso de poderes* em nome da sociedade. Responderá o administrador (e também o mandatário, preposto, empregado) também perante o Fisco relativamente aos créditos tributários oriundos de atos praticados em caso de excesso de poderes ou infração de lei, contrato social ou estatuto (art. 135 do Código Tributário Nacional), respondendo, na verdade, no caso de qualquer infração à legislação tributária (art. 137 do mesmo digesto).

Com efeito, a tendência civilista de proteção dos terceiros de boa-fé já impôs a adoção, relativamente à problemática da responsabilidade do administrador *versus* a vinculação da sociedade pelo ato praticado com excesso do poder, de uma posição calcada na teoria da aparência, segundo a qual um ato praticado por um preposto dentro do estabelecimento empresarial se presume regular, posto que não é se razoável exigir ao terceiro a conferência dos respectivos poderes, vinculando, portanto, a sociedade, que teria direito de regresso contra o administrador.

Não foi essa, contudo, a solução encontrada pelo atual Código Civil de 2002, que dispôs, no parágrafo único de seu artigo 1.015, na esteira da *ultra vires doctrine*, que os atos de administradores não serão assumidos pela sociedade quando com excesso de poderes quando "a limitação de poderes estiver inscrita no registro próprio da sociedade" - considerando a publicidade dos atos constitutivos de toda pessoa jurídica -, ou quando se provar "que era conhecida do terceiro", ou ainda em "tratando-se de operação evidentemente estranha aos negócios da sociedade". Nesses casos, o administrador responde pessoalmente e sozinho perante o terceiro. Perante a sociedade, responde pelos prejuízos que lhe causar pelos atos praticados com excesso de poderes.

Outrossim, *pratique ato regular de gestão ou não*, responde o administrador solidariamente com a pessoa jurídica por eventuais danos causados a terceiros enquanto não requerida a averbação, no respectivo registro, do ato de sua nomeação, quando feita em instrumento que não o contrato ou estatuto social (art. 1.012 do Código Civil).

Ainda, responde pessoalmente quando causar dano à sociedade ou a terceiros por *ato culposo (negligência, imprudência ou imperícia) ou doloso*. Por isso, o administrador "não é pessoalmente responsável pelas obrigações que contrair em nome da sociedade e em virtude de ato regular de gestão; responde, porém, civilmente pelos prejuízos que causar, quando proceder: I - dentro de suas atribuições e poderes, com culpa ou dolo; II - com violação da lei ou do estatuto" (art. 158 da Lei Federal nº 6.404/1976).

O Código Civil também traz regras em que se presume a culpa ou o dolo do administrador: [a] quando aplicar créditos ou bens sociais em proveito próprio ou de terceiros sem o consentimento escrito dos sócios (art. 1.017 do Código Civil); [b] quando apresentar escrituração contábil irregular, ou distribuir lucros ilícitos ou fictícios (art. 1.009 do Código Civil); [c] quando realizar operações sabendo que não é a vontade da maioria (art. 1.013, § 2º, do Código Civil); [d] quando vote em qualquer deliberação referente a operação em que possua interesse contrário ao da sociedade (art. 1.017, parágrafo único, do Código Civil).

Nesses casos em que exista responsabilidade do administrador perante a sociedade, pode esta ingressar com ação de responsabilidade civil contra o administrador, sem prejuízo do direito de o acionista ou terceiro diretamente prejudicado requerer a responsabilização, por conta própria, do administrador (art. 159 da Lei Federal nº 6.404/1976).

A responsabilidade pessoal do administrador no exercício das funções, dessa forma, pode ocorrer sempre que violado o dever de diligência e probidade inscrito no artigo 153 da Lei das Sociedades Anônimas (Lei Federal nº 6.404/1976), e reproduzido no artigo 1.011 do atual Código Civil: "O administrador da sociedade deverá ter, no exercício de suas funções, o cuidado e a diligência que todo homem ativo e probo costuma empregar na administração de seus próprios negócios".

Via de regra, pode ser administrador qualquer indivíduo que esteja em pleno gozo da capacidade civil. O impedimento legal é a exceção à regra. Assim, a lei prevê que há determinados indivíduos que não podem exercer a administração de uma empresa, porque possuem determinada qualificação ou condição que não se compatibiliza com o livre exercício da atividade empresarial. São eles, em rol não exaustivo:

a) Servidores públicos federais (art. 117, X, Lei Federal nº 8.112/1990);
b) Magistrados (art. 36, I, Lei Complementar Federal nº 35/1979);
c) Membros do Ministério Público (art. 44, III, Lei Federal nº 8.625/1993);
d) Militares (art. 29, Lei Federal nº 6.880/1980);
e) Condenados a pena que vede, ainda que temporariamente, o acesso a cargos públicos (art. 1.011, § 1º, Código Civil);
f) Condenados por crime falimentar, de prevaricação, peita ou suborno, concussão, peculato; ou contra a economia popular, contra o sistema financeiro nacional, contra as normas de defesa da concorrência, contra as relações de consumo, a fé pública ou a propriedade, enquanto perdurarem os efeitos da condenação (art. 1.011, § 1º, Código Civil);
g) Incapazes (art. 972, Código Civil).

A consequência do exercício da administração por pessoa impedida legalmente não gera, contudo, a nulidade do ato, que permanece válido e pleno de eficácia relativamente aos terceiros de boa-fé. Há, contudo, por expressa previsão legal (art. 973, Código Civil), responsabilidade pessoal e direta do impedido pelos atos praticados.

1.8. Desconsideração da personalidade jurídica

Como já visto, distinção entre pessoa jurídica e física surgiu com o objetivo de resguardar os bens pessoais de empresários dos riscos da atividade empresarial, evitando que fossem atingidos com eventual falência da sociedade. Essa circunstância propiciou maior segurança para investimentos de grande porte, sendo de suma importância para a atual ordem jurídica. Casos há, contudo, que a proteção outorgada pela personalidade jurídica ao patrimônio do sócio é utilizada com o objetivo de fraudar credores, situação para a qual foi desenvolvida a teoria da desconsideração da personalidade jurídica.

A *disregard doctrine* foi desenvolvida primeiramente no direito inglês, e teve sua primária inserção no ordenamento jurídico pátrio através do Código de Defesa do Consumidor. Trata-se de doutrina que apregoa a possibilidade de desconsideração da personalidade jurídica em determinadas hipóteses, permitindo que se ignore a separação entre os patrimônios do ente moral e dos sócios que o compõem, autorizando que se o considere uma só universalidade de direito. Na prática, isso implica na seguinte consequência: quando se desconsidera a personalidade jurídica, o patrimônio do sócio responde pelo passivo da sociedade, ou o patrimônio da sociedade responde pelo passivo do sócio (desconsideração *inversa* da personalidade jurídica). Em todos os casos, contudo, há benefício de ordem: existe necessidade de se exaurir o patrimônio ou as buscas pelo patrimônio do ente executado, para só então se inclinar sobre o patrimônio do sócio.

Com efeito, no atual regime jurídico de Direito Civil, vigora a *teoria maior* da desconsideração, que prevê maiores requisitos e mais restritas hipóteses autorizadoras da desconsideração da personalidade jurídica, e cujos pressupostos estão previstos no artigo 50 do Código Civil, ambos caracterizadores de abuso da personalidade jurídica: [a] desvio de finalidade; e [b] confusão patrimonial. Poderão, nesses casos, portanto, sócio e/ou administrador ser chamados a responder pessoalmente pelas obrigações sociais, quando houver uso abusivo da sociedade.

Cediço é que a desconsideração da personalidade jurídica depende sempre de pedido do credor e, no caso do Código Civil, de decisão judicial devidamente fundamentada nos seus requisitos.

Contudo, imprescindível, para o fim de relativizar a proteção da pessoa jurídica, a prova incontestável da fraude, do abuso de direito, consubstanciado pelo desvio de finalidade ou pela confusão patrimonial. É o que ocorre, por exemplo, quando a sociedade dilapida seu patrimônio, desfaz-se do seu ativo, com o objetivo de fraudar seus credores, encerrando irregularmente suas atividades.

Nesse cenário, o novo Código de Processo Civil estabeleceu que a desconsideração da personalidade jurídica depende da instalação de um procedimento incidental – o incidente de desconsideração da personalidade jurídica (art. 133 do Código de Processo Civil).

O incidente serve para instalar a fase de instrução, já que, evidentemente, a desconsideração da personalidade jurídica – princípio cuja violação implica em violação a cláusulas constitucionais que garantem o direito de propriedade – depende de prova inequívoca dos requisitos legais.

Inobstante, há Tribunais (por exemplo, o Tribunal Regional Federal da 4ª Região, em sua jurisprudência recente) que tem passado por cima dessa garantia legal, entendendo pela sua inaplicabilidade, por exemplo, em matéria teriatária – confundindo a desconsideração da personalidade jurídica com a responsabilidade do administrador prevista no art.

135 do Código Tributário; e com o interesse jurídico comum a que alude o art. 124 do Código Tributário Nacional.

Relativamente às obrigações tributárias, o sócio só responde quando exerce a gerência da sociedade ou qualquer ato de gestão vinculado ao fato gerador, aplicando-se a *teoria maior*. É essa a exegese do artigo 135 do Código Tributário Nacional, que dispõe: "são pessoalmente responsáveis pelos créditos correspondentes a obrigações tributárias resultantes de atos praticados com excesso de poderes ou infração de lei, contrato social ou estatutos: III – os diretores, gerentes ou representantes de pessoas jurídicas de direito privado".

A legislação brasileira também deu guarida, em determinados casos, à *teoria menor* da desconsideração da personalidade jurídica, marcadamente quando de condições consideradas merecedoras de tutela diferenciada.

No regime do Código de Defesa do Consumidor (Lei Federal nº 8.078/1990), "o juiz poderá desconsiderar a personalidade jurídica da sociedade quando, em detrimento do consumidor, houver abuso de direito, excesso de poder, infração da lei, fato ou ato ilícito ou violação dos estatutos ou contrato social" (art. 28 do Código de Defesa do Consumidor). Inobstante, e em que pese a atribuição de requisitos à desconsideração, na prática vige o disposto no § 5º desse dispositivo, que a autoriza – críticas à parte – "sempre que sua personalidade for, de alguma forma, obstáculo ao ressarcimento de prejuízos causados aos consumidores".

Esse último dispositivo é também aplicado por analogia, e mediante técnica jurídica de duvidosa procedência, pela Justiça do Trabalho nas execuções movidas por trabalhadores. Fique registrada construtiva crítica contra a lamentável e infeliz prática corriqueira, no âmbito dessa Justiça Especializada, de aplicar a desconsideração da personalidade jurídica sem critérios mínimos de legitimidade, como por exemplo, antes de exaurir o patrimônio da sociedade, contra ex-sócios já retirados da sociedade há prazo maior do que o autorizado em lei (2 anos), ou até mesmo de ofício, gerando grave insegurança jurídica, com o total desprestígio da ordem legal e da Justiça. A Justiça do Trabalho já foi palco de decisões inacreditáveis, como aquela em que determinou o Tribunal Superior do Trabalho a execução do patrimônio de um sócio que havia se desvinculado da sociedade havia 24 (vinte e quatro) longos anos (AIRR-94900-24.2009.5.01.0028).

Com efeito, a jurisprudência trabalhista não impõe qualquer requisito à desconsideração da personalidade jurídica, calhando observar que a Consolidação das Leis do Trabalho (Decreto-lei nº 5.452/1943) prevê a responsabilidade automática e solidária entre todas as empresas de um mesmo grupo econômico (art. 2º, § 2º, da Consolidação das Leis do Trabalho), o que contribui para a chancela daqueloutro entendimento.

No âmbito da legislação ambiental, da mesma forma, e por motivos mais nobres, os sócios acabam, na prática, respondendo sempre pelo dano causado ao meio ambiente, mesmo quando a sociedade seja de responsabilidade limitada, e em qualquer caso, já que aduz o artigo 4º da Lei Federal nº 9.605/1998: "poderá ser desconsiderada a pessoa jurídica sempre que sua personalidade for obstáculo ao ressarcimento de prejuízos causados à qualidade do meio ambiente".

Em todo caso, as considerações aqui feitas valem também para o caso de dívida do sócio, podendo ser executado o ativo da sociedade quando satisfeitos os requisitos apresentados (desconsideração inversa da personalidade jurídica).

1.9. Estabelecimento empresarial

Estabelecimento empresarial é o complexo de bens materiais e imateriais afetados à atividade empresarial desenvolvida pela empresa. Trata-se de um todo (uma universalidade de fato) dotado de organização voltada à atividade empresarial (art. 1.142, Código Civil de 2002).

Não se trata propriamente, como se poderia entender a partir de uma exegese mais apressada, do local de exercício da atividade empresarial, que é um simples elemento da universalidade que constitui o estabelecimento empresarial.

Dentro do estabelecimento empresarial englobam-se todos os elementos materiais e imateriais que servem à atividade empresarial – conjunto que, reunido, pode ser concebido como uma coisa unitária. Aquilo que dá a qualidade essencial ao estabelecimento empresarial é a destinação que lhe é dada pelo empresário, que cria, para aquela determinada atividade, um patrimônio de afetação, afetado justamente para a atividade empresarial.

Dentre os bens materiais que compõem o estabelecimento, impõe-se arrolar todo o estoque de mercadorias, as instalações, os equipamentos, os veículos, os imóveis, os utensílios, as máquinas, e tudo o mais que for corpóreo e compuser o patrimônio de afetação.

O estabelecimento é também composto pelos bens imateriais, que, ainda que de valor econômico de difícil apreciação, de forma isolada, compõem o patrimônio da empresa, tais como o nome industrial, a patente, a marca, o desenho industrial, e o "ponto".

Por ser uma universalidade de fato, o estabelecimento pode "ser objeto unitário de direitos e de negócios jurídicos" (art. 1.143, Código Civil de 2002) – o que quer dizer que pode ser negociado como um todo. O negócio jurídico que tem por objeto a alienação do estabelecimento empresarial é conhecido como *contrato de trespasse*, e tem sua eficácia condicionada à sua averbação no registro da empresa perante o órgão competente.

Tal é a exigência formulada pelo art. 1.144 do atual Código Civil, que reza que "o contrato que tenha por objeto a alienação, o usufruto ou arrendamento do estabelecimento, só produzirá efeitos quanto a terceiros depois de averbado á margem da inscrição do empresário, ou da sociedade empresária, no Registro Público de Empresas Mercantis, e de publicado na imprensa oficial."

Mais: o alienante do estabelecimento deve pagar todas as dívidas perante os seus credores, ou obter seu consentimento, expresso ou tácito, sob pena de ineficácia. Isso porque a Lei nº 11.101/2005 (art. 94, III, "c") prevê o trespasse irregular como ato de falência.

Importante frisar que o contrato de trespasse existe, evidentemente, naqueles casos em que a alienação do complexo de bens materiais e imateriais afetados à atividade empresarial importe, como bem definido pelo Enunciado nº 233 da III Jornada de Direito Civil do CJF/STJ, em "transmissão da funcionalidade do estabelecimento empresarial".

O trespasse do estabelecimento empresarial produz, dentre outros efeitos, o da sucessão empresarial, através do qual o adquirente passa a responder pela integralidade das obrigações comerciais regularmente escrituradas do estabelecimento adquirido, ainda que as obrigações hajam sido assumidas pelo alienante.

Relativamente às obrigações comerciais já assumidas, o alienante do estabelecimento permanece como responsável solidário "pelo prazo de um ano, a partir, quanto aos créditos vencidos, da publicação, e, quanto aos outros, da data do vencimento".

Doutro lado, quanto às obrigações tributárias, o regime é aquele do art. 133 do Código Tributário Nacional, segundo a qual o adquirente responde integralmente pelo passivo tributário caso o alienante cesse a exploração de atividade empresarial; e subsidiariamente com o alienante, caso prossiga este na mesma ou outra atividade dentro dos seis meses da alienação.

O passivo trabalhista é objeto de sucessão integral e ilimitada, a teor da redação do art. 448 da Consolidação das Leis do Trabalho, aplicado extensivamente pelos Tribunais, para reconhecer a sucessão em qualquer caso em que haja continuidade da exploração do mesmo negócio com a absorção de determinado contrato de emprego pela nova empresa.

Ressalva-se, de todo modo, a sucessão empresarial, nos casos de alienação judicial do estabelecimento em processos de falência e de recuperação judicial, que não ocorre, em tese, por se tratar de forma originária de aquisição da propriedade.

Cabe lembrar o célebre caso da recuperação judicial da Varig, em que o Supremo Tribunal Federal decidiu pela inexistência de sucessão trabalhista na alienação do estabelecimento empresarial, no caso. Inobstante, o Tribunal Superior do Trabalho já entendeu, como por exemplo no caso da alienação do estabelecimento no processo judicial de falência da empresa Hermes Macedo S/A, pela existência de sucessão, eis que a adquirente manteve o mesmo ramo de atividade, devendo o estudioso manter-se atento às nuances do tema.

Deve-se observar que a sucessão no trespasse não é total e automática para todas as obrigações: o Código Civil afirma que há necessidade de concordância prévia da parte adversa nos contratos de caráter pessoal (art. 1.148, Código Civil de 2002) – é o caso do contrato de prestação de serviços de advocacia, ou do contrato de locação.

Com efeito, o Enunciado nº 234, da III Jornada de Direito Civil do CJF/STJ, aduz que "quando do trespasse do estabelecimento empresarial, o contrato de locação do respectivo ponto não se transmite automaticamente ao adquirente".

Assim, para que se possa efetivamente conhecer o negócio, suas contingências, situação financeira, contingências, riscos da operação, situação obrigacional, e estipular os procedimentos a serem adotados no caso de negociação para aquisição de estabelecimento empresarial, recomenda-se sempre a realização de auditoria (*due diligence*) de todos os documentos, contratos, escrituração, etc, da empresa, viabilizando o mais importante, a precificação do valor da empresa (*valuation*).

Dentre os métodos de *valuation*, que utilizam diferentes premissas que acabam influenciando no valor final encontrado, o mais utilizado é o do *fluxo de caixa descontado*, através do qual se alcança o valor da empresa somando-se o valor presente dos fluxos de caixa futuros.

Em todo caso, há sempre de se tomar em consideração, no momento da valoração do estabelecimento empresarial, sua aptidão para gerar lucros, o que é juridicamente tratado como *aviamento*. A capacidade de um determinado estabelecimento para gerar lucros ao empresário pode existir por conta de condições objetivas, tais como a localização do estabelecimento, ou subjetivas, decorrentes da pessoa do empresário (carisma, beleza, etc). Trata-se de atributo que influencia significativamente na avaliação do estabelecimento, podendo muitas vezes distanciar para mais do valor patrimonial, já que se trata uma qualidade especial atribuída àquele complexo de bens, que o torna mais valioso do que o usual.

Por derradeiro, há outras qualidades que podem ser ponderadas, tais como a clientela, que, a despeito de não ser um elemento do estabelecimento empresarial, pode refletir na sua avaliação, atributo que é.

1.10. Grupo empresarial e grupo econômico

A noção de grupo empresarial ou grupo societário merece atenta consideração por se relacionar intrinsecamente com a problemática da responsabilidade patrimonial do empresário e a esfera patrimonial autônoma da pessoa jurídica.

Com efeito, o Direito Societário traz normas específicas e objetivas que delineiam os institutos relacionados aos grupos societários:

> *a) Controle societário*: maioria de votos nas deliberações dos quotistas e o poder de eleger os administradores;
> *b) Sociedades coligadas*: segundo o art. 1.099 do Código Civil, "diz-se coligada ou filiada a sociedade de cujo capital outra sociedade participa com dez por cento ou mais, do capital da outra, sem controlá-la"; no regime da Lei das Sociedades Anônimas, o critério é o da *influência significativa* nas deliberações sociais, que se presume "quando a investidora for titular de 20% (vinte por cento) ou mais do capital votante da investida, sem controlá-la" (art. 243, § 5º, Lei Federal nº 6.404/1976);
> *c) Sociedades indiretamente controladas*: são aquelas sociedades cujo controle pertence a outra sociedade, que o exerce através de ações ou quotas possuídas por sociedade(s) já por esta controlada(s) (art. 1.098, II, Código Civil);
> *d) Sociedades diretamente controladas*: são aquelas cujo controle pertence a outra sociedade (art. 1.098, I, Código Civil);
> *e) Sociedades de simples participação*: é "a sociedade de cujo capital outra sociedade possua menos de dez por cento do capital com direito de voto" (art. 1.100, Código Civil).

O ordenamento jurídico, inclusive, dá reconhecimento formal aos grupos societários entre as sociedades controladoras e controladas, quando se firme uma convenção que rege a relação entre as sociedades, nos termos do que prevê o art. 266 da Lei das Sociedades Anônimas: "as relações entre as sociedades, a estrutura administrativa do grupo e a coordenação ou subordinação dos administradores das sociedades filiadas serão estabelecidas na convenção do grupo, mas cada sociedade conservará personalidade e patrimônio distintos".

Ocorre que a constituição formal de grupos societários é mecanismo jurídico que se encontra em franco desuso. A criação de grupo societário pode trazer benefícios quando se trata do aproveitamento de sinergias e do estabelecimento de um núcleo administrativo e de cultura empresarial.

Contudo, não tão objetivo é o critério utilizado pelo Poder Judiciário – principalmente em se tratando de matéria tributária e trabalhista – para apurar responsabilidades de grupo empresarial. Em que pese os nobres motivos de defesa do interesse público, o que efetivamente se justifica em determinados casos em que há nítido abuso da personalidade jurídica, o que se tem visto na prática é uma aplicação irresponsável das normas que regem a imputabilidade de obrigações a grupos empresariais.

Por essa razão, a prática nos mostra que, na grandiosa maioria dos casos, o que existe são grupos econômicos de fato, cumulados com artimanhas para evitar a sua averiguação. Isso porque a ampla responsabilização do grupo econômico, fora de padrões razoáveis, é hoje quase uma regra na prática jurídica do país.

Em todo caso, é primordial considerar os reflexos da consolidação de um grupo econômico, assim como estudar e planejar os procedimentos e condutas das empresas de uma mesma família no caso em que se opte pela não formalização, já que podem acarretar responsabilidades patrimoniais inesperadas.

Se, em tese, a responsabilização das demais empresas do grupo só poderia ocorrer nas mesmas hipóteses ordinárias de desconsideração da personalidade jurídica – isto é, quando haja abuso da personalidade jurídica ou confusão patrimonial –, já que cada empresa conserva sua personalidade e seu patrimônio (ativo + passivo) individual, a prática revela o contrário.

Com efeito, ao conceito de "grupo econômico" falta justamente a uniformidade técnica que se exige de uma ciência como o Direito.

Para tanto contribui o teor vago e pouco objetivo da legislação específica afeta ao tema, como, por exemplo, o art. 2º, § 2º, da Consolidação das Leis do Trabalho, que trata da responsabilidade trabalhista do grupo empresarial, e reza que "sempre que uma ou mais empresas, tendo, embora, cada uma delas, personalidade jurídica própria, estiverem sob a direção, controle ou administração de outra, constituindo grupo industrial, comercial ou de qualquer outra atividade econômica, serão, para os efeitos da relação de emprego, solidariamente responsáveis a empresa principal e cada uma das subordinadas" – o que vale também para a relação de emprego rural, por força do art. 3º, § 2º, da Lei Federal nº 5.889/1973, de idêntica redação.

Por outro lado, a legislação consumerista prevê a responsabilidade subsidiária das empresas do grupo empresarial pelas obrigações decorrentes do Código de Defesa do Consumidor (art. 28, § 2º, Código de Defesa do Consumidor).

Também na Nova Lei do CADE (Lei Federal nº 12.529/2011) optou o legislador porv outorgar responsabilidade solidária a todas as sociedades formadoras de grupo econômico de fato ou de direito em razão das infrações à ordem econômica: "serão solidariamente responsáveis as empresas ou entidades integrantes de grupo econômico, de fato ou de direito, quando pelo menos uma delas praticar infração à ordem econômica".

1.11. Escrituração contábil

Toda empresa detém, por expressa disposição legal, a obrigação de manter um sistema de escrituração contábil periódico, com base em normas uniformes de Contabilidade, e cumprindo um mínimo de requisitos previsto em lei.

Trata-se de uma obrigação outorgada ao administrador de empresa e que objetiva realizar o controle do patrimônio e esclarecer a situação financeira da empresa. A partir da escrituração contábil adequada, a empresa sabe se os negócios estão saudáveis ou não.

Por outro lado, a partir da ótica do Fisco, a regularidade da escrituração do empresário é imprescindível para a fiscalização e a arrecadação de tributos, que se racionaliza a partir da padronização das informações contábeis e fiscais, facilitando a identificação de ilícitos tributários.

A gravidade dessa obrigação vem à tona quando se verifica que a escrituração irregular é considerada crime pelo atual ordenamento jurídico – a omissão de escrituração de documentos contábeis obrigatórios possui tipo específico inscrito no art. 178 da Lei Federal nº 11.101/2005; a escrituração irregular dos livros mercantis configura crime de falsificação de documento público, a teor do art. 297, *caput* e § 2º, do Código Penal; a escrituração irregular do livro Registro de Duplicatas é tipo penal inscrito no art. 172, § único, do Código Penal; entre outros, respondendo os administradores, conselheiros, contadores, e demais envolvidos que possuam atuação direta.

Com efeito, a importância da escrituração contábil regular se apresenta em razão da eficácia probatória dos livros comerciais. Isso porque se estiverem regularmente escriturados, fazem prova a favor do empresário, a teor do art. 379 do Código de Processo Civil: "Os livros comerciais, que preencham os requisitos exigidos por lei, porvam também a favor do seu autor no litígio entre comericantes".

Os requisitos exigidos por lei são divididos, doutrinariamente, em intrínsecos e extrínsecos. Os requisitos intrínsecos são os inscritos no art. 1.183 do Código Civil: "A escrituração será feita em idioma e moeda corrente nacionais e em forma contábil, por ordem cronológica de dia, mês e ano, sem intervalos em branco, nem entrelinhas, borrões, rasuras, emendas ou transportes para as margens".

Os requisitos extrínsecos, por sua vez, são referentes à segurança dos livros empresariais, e são: existência de termo de abertura; termo de encerramento; autenticação pela Junta Comercial.

Os livros empresariais que não cumpram os requisitos da lei fazem prova contra o seu autor (art. 417 do Código de Processo Civil). De fato, a escrituração contábil irregular é um prato cheio para graves consequências na esfera tributária, permitindo a desconsideração da contabilidade e o lançamento de tributos por aferição indireta (*v.g.* art. 33, § 6º, da Lei Federal nº 8.212/1991, *et al.*), dando margem para a confecção de autos de infração monstruosos. Ainda, trata-se de forte apelo à desconsideração da personalidade jurídica, com seu consabido resultado dentro de um processo judicial. E ainda, entre outras consequências, a responsabilização administrativa dos profissionais da Contabilidade envolvidos.

Em todo caso, a escrituração contábil deve ser levada a cabo, obrigatoriamente, pelo profissional específico da área, o contabilista legalmente habilitado (art. 1.182 do Código Civil). E, em que pese a previsão, no art. 1.179 do atual Código Civil, de que a escrituração pode ser mecanizada ou não, relativamente ao lançamento para fins fiscais a prática constata a progressiva e já quase completa migração para um sistema digital eletrônico e cujas informações, uma vez prestadas, são fornecidas a todos os órgãos da administração tributária das três esferas da Federação, com cruzamento imediato de dados com informações fornecidas pelas instituições financeiras e outros entes.

Trata-se do Sistema Público de Escrituração Digital (SPED), instituído pelo Decreto nº 6.022 de 22 de janeiro de 2007, e que, segundo seu artigo 2º, "é instrumento que unifica as atividades de recepção, validação, armazenamento e autenticação de livros e documentos que integram a escrituração contábil e fiscal dos empresários e das pessoas jurídicas, inclusive imunes ou isentas, mediante fluxo único, computadorizado, de informações".

Nesse cenário, o art. 1.179 do Código Civil prevê o dever de levantar anualmente dois balanços financeiros: o balanço patrimonial e o de resultado econômico.

O balanço patrimonial é aquela demonstração contábil que se destina a apurar quantitativa e qualitativamente a situação patrimonial da empresa em determinada data. No balanço patrimonial é que são discriminados o ativo, o passivo e o patrimônio líquido da sociedade (art. 1.188 do Código Civil), de forma a facilitar a análise da condição financeira da empresa.

O balanço de resultado econômico, por sua vez, é a demonstração de resultado do exercício, através do qual se apresenta, de forma contábil, o resumo, no exercício, das variações de resultado (art. 1.189 do Código Civil) positivas (faturamento, receitas, ganhos e lucros) e negativas (custos, despesas operacionais, despesas financeiras, prejuízos, perdas).

A escrituração contábil parte do lançamento das operações da empresa nos livros comerciais. Atualmente, o único livro obrigatório e comum a todo empresário é o livro Diário, que registra as operações do dia-a-dia da empresa (art. 1.184 do Código Civil) - e no qual são lançados o balanço patrimonial e o de resultado econômico (art. 1.184, § 2º, do Código Civil) -, e que pode ser substituído, se for o caso, pelo livro Balancetes Diários e Balanços (art. 1.185 do Código Civil).

Além desse, pode haver livros obrigatórios não comuns, mas específicos a determinados empresários, exigidos pela legislação esparsa e específica, tais como:

a) Livro *Registro de Ações Nominativas* (art. 100, I, da Lei Federal nº 6.404/1976): obrigatório para as sociedades anônimas, e no qual estão inscritos, anotados ou averbados o nome do acionista, o número de suas ações, as entradas ou prestações de capital realizado, as conversões de ações, entre outros;
b) Livro *Transferência de Ações Nominativas* (art. 100, II, da Lei Federal nº 6.404/1976): obrigatório para as sociedades anônimas, e no qual são lançados os termos de transferência de ações;
c) Livro *Registro de Partes Beneficiárias Nominativas* e *Transferência de Partes Beneficiárias Nominativas* (art. 100, III, da Lei Federal nº 6.404/1976): obrigatório para as sociedades que emitirem partes beneficiárias;
d) Livro *Ata das Assembleias Gerais* (art. 100, IV, da Lei Federal nº 6.404/1976): obrigatório para as sociedades anônimas;
e) Livro *Presença dos Acionistas* (art. 100, V, da Lei Federal nº 6.404/1976): obrigatório para as sociedades anônimas;
f) Livro *Atas das Reuniões do Conselho de Administração* (art. 100, VI, da Lei Federal nº 6.404/1976): obrigatório para as sociedades anônimas que possuírem Conselho de Administração;
g) Livro *Atas das Reuniões de Diretoria* (art. 100, VI, da Lei Federal nº 6.404/1976): obrigatório para as sociedades anônimas;
h) Livro *Atas e Pareceres do Conselho Fiscal* (art. 100, VII, da Lei Federal nº 6.404/1976): obrigatório para as sociedades anônimas;
i) Livro *Registro de duplicatas* (art. 19 da Lei Federal nº 5.474/1968): obrigatório para empresários que emitam duplicatas;

j) Livro *Entrada e Saída de mercadorias* (art. 7º do Decreto Federal nº 1.102/1903): obrigatório para empresários que exerçam atividade de armazém-geral;
k) Livros *Diário de Entrada, Diário de Saída, Contas correntes, Protocolo, Diário de Leilões, Livro Talão* (arts. 31 e 32 do Decreto Federal nº 21.981/1932): obrigatório para leiloeiros;
l) Entre outros.

E ainda, além desses livros, pode o empresário escriturar outros, se quiser, conforme aduz o art. 1.179, § 1º, do Código Civil. Por exemplo:

a) Livro *Estoque*: para a gestão do estoque;
b) Livro *Conta corrente*: escrituração das contas de fornecedores e clientes;
c) Livro *Razão*: movimentação analítica das contas escrituradas no livro Diário;
d) Livro *Caixa*: movimentação analítica do fluxo de caixa.

Por derradeiro, é importante destacar que os livros empresariais são protegidos, por expressa previsão legal, por sigilo. É o teor do art. 1.190 do Código Civil: "Ressalvados os casos previstos em lei, nenhuma autoridade, juiz ou tribunal, sob qualquer pretexto, poderá fazer ou ordenar diligência para verificar se o empresário ou a sociedade empresária observam, ou não, em seus livros e fichas, as formalidades prescritas em lei".

As exceções legais são dignas de nota. Com efeito, o Poder Judiciário pode decretar a quebra do sigilo dos livros empresariais e ordenar sua exibição integral nos casos previstos no art. 381 do Código de Processo Civil, e que se restringem, basicamente, aos casos de litígio relativo à sucessão por morte de sócio, liquidação de sociedade, dissolução de sociedade, prestação de contas, falência. Quando se tratar de sociedade anônima, o juiz pode determinar a exibição integral dos livros "sempre que, a requerimento de acionistas que representem, pelo menos, 5% (cinco por cento) do capital social, sejam apontados atos violadores da lei ou do estatuto, ou haja fundada suspeita de graves irregularidades praticadas por qualquer dos órgãos da companhia" (art. 105 da Lei Federal nº 6.404/1976).

A exibição parcial dos livros empresariais pode, na prática, ser ordenada em qualquer processo judicial, a critério do julgador, limitando-se ao ponto controvertido da demanda, conforme a exegese conjunta dos artigos 420 do Código de Processo Civil e 1.191, § 1º, do Código Civil.

O sigilo empresarial não é oponível, contudo, à administração tributária, por força do contido no art. 195 do Código Tributário Nacional: "para os efeitos da legislação tributária, não têm aplicação quaisquer disposições legais excludentes ou limitativas do direito de examinar mercadorias, livros, arquivos, documentos, papeis e efeitos comerciais ou fiscais, dos comerciantes industriais ou produtores, ou da obrigação destes de exibi-los". Por isso, é importante ao empresário manter em boa guarda os livros empresariais até que ocorra prescrição ou decadência tributárias relativas às obrigações oriundas dos atos neles consignados (art. 1.194 do Código Civil), evitando surpresas desagradáveis.

Ainda assim, o cotejo da disposição do art. 195 do Código Tributário Nacional com o sigilo empresarial fez nascer a Súmula nº 439 do Supremo Tribunal Federal, que limitou o tal direito de exame dos livros empresariais: "estão sujeitos à fiscalização tributária ou previdenciária quaisquer livros comerciais, limitado o exame ao ponto objeto da investigação".

1.12. Sociedades simples e empresárias: regime jurídico

A antiga distinção das sociedades em simples e empresárias é objeto de graves discussões na atual doutrina, causando maior confusão do que seria necessário, caso se lançasse sobre o tema um olhar pragmático.

São consideradas empresárias aquelas sociedades que exercem atividade empresarial, que, conforme já exposto, é aquela atividade que é exercida mediante organização dos fatores de produção. As demais são consideradas simples. É a distinção inscrita no artigo 982 do Código Civil: "Salvo as exceções expressas, considera-se empresária a sociedade que tem por objeto o exercício de atividade própria de empresário sujeito a registro (art. 967); e, simples, as demais".

As exceções (legais) expressas são as seguintes: a sociedade por ações é sempre empresária, e a sociedade cooperativa é sempre simples (art. 982, § único, do Código Civil). Os demais tipos societários podem ser utilizados tanto para sociedades simples quanto para empresárias, conforme melhor lhe convier.

Assim, a partir do critério da empresarialidade, as sociedades podem adotar os seguintes tipos societários:

A) Sociedades simples:

- a) Sociedade simples em sentido estrito (arts. 997 a 1.038 do Código Civil);
- b) Sociedade em nome coletivo (arts. 1.039 a 1.044 do Código Civil);
- c) Sociedade em comandita simples (arts. 1.045 a 1.051 do Código Civil);
- d) Sociedade limitada (arts. 1.052 a 1.087 do Código Civil);
- e) Sociedade cooperativa (Lei Federal nº 5.764/1971 e arts. 1.093 a 1.096 do Código Civil);

B) Sociedades empresárias:

a) Sociedade em nome coletivo (arts. 1.039 a 1.044 do Código Civil);
b) Sociedade em comandita simples (arts. 1.045 a 1.051 do Código Civil);
c) Sociedade limitada (arts. 1.052 a 1.087 do Código Civil);
d) Sociedade anônima (Lei Federal nº 6.404/1976);
e) Sociedade em comandita por ações (arts. 1.090 a 1.092 do Código Civil);

Com efeito, a existência da classificação só possui duas razões de ser, e que bem poderiam ser simplificadas, extinguindo-se a distinção. Em primeiro lugar, as sociedades simples estão sujeitas a registro nos Cartórios de Registro de Pessoas Jurídicas, a teor do artigo 998 do Código Civil, enquanto as sociedades empresárias estão sujeitas a registro nas Juntas Comerciais (art. 967 do Código Civil).

Em segundo lugar, enquanto as sociedades empresárias se submetem ao regime da Lei Federal nº 11.101/2005 em caso de quebra, através do processo de falência, e tendo direito à recuperação judicial e extrajudicial, as sociedades simples submetem-se ao instituto da insolvência civil (arts. 955 a 964 do Código Civil), não tendo direito à recuperação.

1.13. Sociedades contratuais e institucionais: regime jurídico

As sociedades podem ser classificadas em contratuais ou institucionais de acordo com o seu regime jurídico de constituição e de dissolução.

São sociedades contratuais são reguladas via de regra pelo Código Civil, e são aquelas cujo ato constitutivo é um *contrato social*. Nesse caso, a sociedade é formada por um vínculo contratual *entre os sócios*, que tornam-se titulares de direitos e deveres recíprocos.

Por essa razão, o contrato está obrigatoriamente gravado com o nome de cada sócio, existindo, inclusive, possibilidade de dissolução em caso de morte ou expulsão de sócio. Geralmente são sociedades de pessoas, eis que a relação entre os sócios, a *affectio societatis*, dá a sua característica de relevo.

Doutro lado, as sociedades institucionais são aquelas cujo ato constitutivo é um *estatuto social*. Não há relação direta dos sócios entre si, mas cada um mantém um vínculo com a instituição de cuja parte é titular. Independentemente do titular das ações, a instituição continua e realiza o seu objetivo social.

É por isso que os estatutos das sociedades institucionais não nomeiam os acionistas nem trazem, via de regra, quaisquer normas de vínculo entre sócios, possuindo cada qual direitos e deveres apenas para com a sociedade. São regidas, via de regra, pela Lei Federal nº 6.404/1976.

O capital social é dividido, nas sociedades institucionais, em ações, e seus titulares são *acionistas*. Nas contratuais, é dividido em quotas e os titulares são *sócios*.

Através desse critério, cada tipo societário detém a seguinte classificação:

A) Sociedades contratuais:
   a) Sociedade simples em sentido estrito;
   b) Sociedade em nome coletivo;
   c) Sociedade em comandita simples;
   d) Sociedade limitada;

B) Sociedades institucionais:
   a) Sociedade anônima;
   b) Sociedade em comandita por ações;
   c) Sociedade cooperativa.

Ademais, cada tipo de sociedade, contratual ou institucional, possui um regime e causas específicas de dissolução e liquidação, as quais serão apresentadas adiante, em item próprio.

1.14. Sociedades de pessoas e de capital: regime jurídico

Ainda, no tocante à alienação das participações societárias, as sociedades podem ser divididas em *de pessoas* ou *de capital*.

As primeiras são aquelas formadas mais em função dos atributos individuais dos sócios do que sua contribuição material. É dito que se constituem *intuitu personae*. Assim, a criação das sociedades está fundada no vínculo de confiança recíproca, afinidade e identificação pessoal (*affectio societatis*) existente entre os sócios, e por essa razão questões como o ingresso de novos sócios em caso de alienação da participação societária, penhora de quotas por dívidas particulares de sócios, e sucessão por morte, dependem, geralmente, de anuência dos demais.

Por outro lado, sociedades de capital são aquelas constituídas não a partir do vínculo entre os indivíduos, mas pela união das contribuições materiais aportadas por cada um dos sócios. A pessoa do sócio não é importante para a constituição da sociedade, mas sim o capital. Por essa razão, a sociedade sobrevive seja quem for o sócio, inexistindo restrição à alienação das quotas, desde que o ingressante cumpra suas obrigações para com a sociedade (relativas à integralização).

É por isso que os acionistas de uma sociedade de capital não possuem, via de regra, direito de retirada por razões pessoais, mas sim apenas naquelas hipóteses objetivas insculpidas no artigo 137 da Lei Federal nº 6.404/1976. Por outro lado, as sociedades de pessoas podem sofrer alterações societárias por razões de vínculo entre os sócios, quebra de *affectio societatis*, morte de sócio, entre outras, conforme se depreende dos artigos 1.028, 1.033, 1.035, e outros do Código Civil.

Segundo o clássico critério, seriam basicamente sociedades de pessoas as sociedades contratuais, e de capital as institucionais, ressalvadas as sociedades em comandita simples e por ações, que são de capital relativamente ao sócio comanditário, e de pessoas relativamente ao sócio comanditado.

Inobstante, a prática demonstra que esse critério encontra-se ultrapassado, porquanto é possível observar o comum acontecimento da adoção, por sociedades anônimas - que são as sociedades institucionais e de capital por excelência –, de características próprias de sociedades de pessoas.

É o caso, por exemplo, da constituição de uma sociedade anônima fechada com a finalidade de exercer a atividade de *holding* patrimonial familiar, a qual, embora seja, em teoria, uma sociedade de capital, possui regras restritas de ingresso de novos sócios e de governança corporativa, estando calcada, principalmente, na qualidade de "membro da família" dos titulares de suas ações.

Com efeito, uma sociedade anônima fechada que é utilizada para fins de *holding* familiar, com regras restritas de alienação de ações, sucessão por morte, e de participação em conselho de administração, não pode ser considerada outra coisa que uma sociedade de pessoas, eis que o caracter individual de cada um dos acionistas - e principalmente a qualidade de membro da família - é levado em consideração para a constituição e existência da sociedade.

Mais de uma vez a jurisprudência do Superior Tribunal de Justiça reconheceu a possibilidade jurídica de existirem sociedades anônimas em que o traço primordial é a *affectio societatis*, em julgados esclarecedores, dos quais o primeiro deles, que reconhece a possibilidade de dissolução parcial de sociedade anônima em razão da quebra da *affectio*, é digno de nota (STJ, EREsp 111.294/PR, Segunda Seção, Rel. Ministro Castro Filho, DJ 10/09/2007):

> "[...] É inquestionável que as sociedades anônimas são sociedades de capital (intuito pecuniae) , próprio às grandes empresas, em que a pessoa dos sócios não têm papel preponderante. Contudo, a realidade da economia brasileira revela a existência, em sua grande maioria, de sociedades anônimas

> de médio e pequeno porte, em regra, de capital fechado, que concentram na pessoa de seus sócios um de seus elementos preponderantes, como sói acontecer com as sociedades ditas familiares, cujas ações circulam entre os seus membros, e que são, por isso, constituídas intuito personae. Nelas, o fator dominante em sua formação é a afinidade e identificação pessoal entre os acionistas, marcadas pela confiança mútua. Em tais circunstâncias, muitas vezes, o que se tem, na prática, é uma sociedade limitada travestida de sociedade anônima, sendo, por conseguinte, equivocado querer generalizar as sociedades anônimas em um único grupo, com características rígidas e bem definidas.
>
> "Em casos que tais, porquanto reconhecida a existência da affectio societatis como fator preponderante na constituição da empresa, não pode tal circunstância ser desconsiderada por ocasião de sua dissolução. Do contrário, e de que é exemplo a hipótese em tela, a ruptura da affectio societatis representa verdadeiro impedimento a que a companhia continue a realizar o seu fim, com a obtenção de lucros e distribuição de dividendos, em consonância com o artigo 206, II, "b", da Lei nº 6.404/76, já que dificilmente pode prosperar uma sociedade em que a confiança, a harmonia, a fidelidade e o respeito mútuo entre os seus sócios tenham sido rompidos.
>
> "A regra da dissolução total, nessas hipóteses, em nada aproveitaria aos valores sociais envolvidos, no que diz respeito à preservação de empregos, arrecadação de tributos e desenvolvimento econômico do país. À luz de tais razões, o rigorismo legislativo deve ceder lugar ao princípio da preservação da empresa, preocupação, inclusive, da nova Lei de Falências – Lei nº 11.101/05, que substituiu o Decreto-lei nº 7.661/45, então vigente, devendo-se permitir, pois, a dissolução parcial, com a retirada dos sócios dissidentes, após a apuração de seus haveres em função do valor real do ativo e passivo. A solução é a que melhor concilia o interesse individual dos acionistas retirantes com o princípio da preservação da sociedade e sua utilidade social, para evitar a descontinuidade da empresa, que poderá prosseguir com os sócios remanescentes. [...]"

Assim, é possível se observar a existência de uma sociedade anônima de pessoas nos casos de sociedades anônimas fechadas, familiares, e nas quais as ações não possuem liquidez, circulando única e exclusivamente entre os membros da família.

1.15. Dissolução, liquidação e extinção de sociedade

A extinção de uma pessoa jurídica é a sua morte, o fim de sua existência, momento em que são baixados todos os seus registros, inscrições e matrículas nos órgãos competentes.

A extinção ocorre, basicamente, em dois casos (art. 219 da Lei Federal nº 6.404/1976): ou quando a sociedade é liquidada, pago o passivo e rateado o ativo remanescente (art. 216 da Lei Federal nº 6.404/1976), ou quando sofre processo de cisão, incorporação, ou fusão, vertendo-se todo o seu patrimônio em outra sociedade.

Enquanto as operações societárias de cisão, incorporação e fusão serão estudadas em capítulo próprio, incumbe tecer breves considerações acerca do processo de extinção da pessoa jurídica dentro da primeira hipótese, a liquidação, e que é parte da dissolução.

A dissolução pode ocorrer de pleno direito, ou ser deliberada, ou ainda determinada por sentença, e ocorre nos casos dos artigos 1.087, 1.051, 1.044 e 1.033 do Código Civil, para as sociedades contratuais:

> a) Vencimento do prazo de duração;
> b) Quebra da sociedade ou de sócio;
> c) Deliberação dos sócios;
> d) Morte de um dos sócios, salvo deliberação em contrário;
> e) Por vontade de um dos sócios, se por prazo indeterminado.

Para as sociedades institucionais, nos casos do artigo 206 da Lei Federal nº 6.404/1976:

> a) De pleno direito, pelo término do prazo de duração; nos casos previstos no estatuto; por deliberação dos acionistas; existência de um único acionista; extinção da autorização para funcionar;
> b) Por decisão judicial, nos casos de anulação do ato constitutivo, falência, etc;
> c) Por decisão de autoridade administrativa competente, nos casos e na forma previstos em lei especial.

Ocorrida a dissolução, a pessoa jurídica continua a existir até que se encerre o procedimento de liquidação, conforme se pode depreender do teor do artigo 207 da Lei Federal nº 6.404/1976: "a pessoa dissolvida conserva a personalidade até a extinção, com o fim de proceder à liquidação".

Por sua vez, a liquidação é o procedimento através do qual a sociedade realiza todo o seu ativo, convertendo-o em valores aferíveis em pecúnia, paga o seu passivo com o resultado da realização do ativo, e redistribui o saldo, se houver, entre os sócios, na forma estipulada na lei, no contrato ou estatuto, culminando na extinção da pessoa jurídica.

Quando voluntária, ocorre a partir de deliberação dos sócios, sendo forçada quando ocorre em caso de haver dissolução decorrente de decisão judicial. Segundo o artigo 51 do Código Civil, "nos casos de dissolução da pessoa jurídica ou cassada a autorização para seu funcionamento, ela subsistirá para os fins de liquidação, até que esta se conclua".

Durante a liquidação, ficam suspensas as negociações da pessoa jurídica, mas não há qualquer reflexo nas obrigações tributárias. Portanto, o cumprimento de todas as obrigações principais e acessórias da legislação tributária, assim como a regular escrituração contábil, deve ser mantida até a efetiva extinção.

Dissolvida a sociedade, a assembleia geral determina o modo de liquidação e nomeia os liquidantes, podendo destitui-los a qualquer tempo. Nas sociedades anônimas, deve funcionar durante a liquidação o conselho fiscal (art. 208, § 1º, Lei Federal nº 6.404/1976).

A liquidação judicial, por sua vez, segue o rito previsto no Código de Processo Civil, e será objeto de análise no Capítulo 4 deste livro. Nesse caso, o liquidante é nomeado pelo juiz.

Com efeito, é o liquidante a pessoa responsável por levantar, dentro do prazo fixado pela assembleia geral ou pelo juiz, o balanço patrimonial da sociedade, encerrar os livros da sociedade em dissolução, proceder à abertura dos livros da sociedade em liquidação, realizar a escrituração contábil relativa à liquidação, realizar o ativo e pagar o passivo, apurar o resultado e encerrar os livros, realizando as partilhas do remanescente entre os sócios ou acionistas (arts. 213 a 216 da Lei Federal nº 6.404/1976).

Detém ele, relativamente à sociedade em liquidação, a responsabilidade do administrador (art. 217 da Lei Federal nº 6.404/1976), respondendo pelos atos praticados com excesso de poderes ou desconectados da finalidade do procedimento. É nulo, por exemplo, o ato de partilha imediata de ativos antes de liquidado todo o passivo da sociedade, acarretando a responsabilidade pessoal do liquidante e dos sócios.

Os sócios, administradores e membros dos órgãos de gestão da sociedade, por sua vez, conservam a responsabilidade pelos atos praticados até a extinção da companhia.

Uma vez pago o passivo e rateado o ativo remanescente, convoca o liquidante a assembleia geral para prestação final de contas. Aprovadas, encerra-se no mesmo ato a liquidação e extingue-se a companhia, sendo necessário requerer a baixa do registro na Junta Comercial ou no Cartório de Registro de Pessoas Jurídicas (arts. 216 da Lei Federal nº

6.404/1976 e 1.109 do Código Civil). O sócio que discordar da prestação de contas tem o prazo de 30 (trinta) dias para mover a ação cabível.

É obrigatória, na liquidação, a destinação de todo o ativo e todo o passivo. Caso a sociedade não possua bens para saldar a totalidade de seus débitos, deverão os sócios suportar o prejuízo proporcionalmente à participação societária, ou assumir o passivo, com a concordância dos credores, se for o caso. O não pagamento dos débitos desautoriza a baixa do registro da sociedade, que fica sujeita a pedido de falência, processo cujo trâmite é regulado pela Lei Federal nº 11.101/2005.

Deve ser feito um breve esclarecimento acerca da falência, aqui, em razão dos efeitos que gera. De fato, o falido fica, desde a declaração, privado de imediato de todos os seus bens, que passam a integrar o patrimônio da massa falida que é gerida por um administrador judicial (arts. 99, IX, 103 e 108 da Lei Federal nº 11.101/2005).

O empresário então, deve entregar todos os bens, livros, papéis e documentos ao administrador (art. 104, V, da Lei Federal nº 11.101/2005), sendo os livros empresariais encerrados e o falido inabilitado para exercer qualquer atividade empresarial (art. 102 da Lei Federal nº 11.101/2005).

Relativamente aos seus negócios pendentes, a falência produz o efeito de vencer antecipada e imediatamente todas as dívidas, e os contratos em execução passam a ser regidos pelas regras constantes dos artigos 118 e seguintes da Lei Federal nº 11.101/2005, alocados de forma a estabilizar o passivo.

As ações relativas a bens e direitos integrantes da massa falida são todas apensadas ao processo de falência e resolvidas pelo juízo responsável pela tramitação do feito, que torna-se o juízo universal das execuções (art. 76 da Lei Federal nº 11.101/2005).

O ativo, por sua vez, é realizado e o passivo é pago segundo a ordem prevista nos artigos 83 e 84 da Lei Federal nº 11.101/2005, exceção ao princípio da garantia geral, já estudado.

Voltando ao saldo negativo da liquidação, outro caso digno de nota é uma prática muitíssimo comum no Brasil é o velho conhecido fechamento das portas da empresa, com o encerramento das atividades, quando o dinheiro acabou e os negócios não deram certo. Encerramento sem liquidação, que para o Direito significa *dissolução irregular da empresa*, hipótese de desconsideração da personalidade jurídica por excelência, já que se trata justamente do caso de utilização do manto da pessoa jurídica para o específico fim de deixar de pagar os credores.

Não que essa seja a intenção de todo empresário que encerre "irregularmente" suas atividades – o que acontece muitas vezes por falta de informação e orientação jurídica. Contudo, juridicamente, a sociedade só pode deixar de existir após a liquidação do seu *patrimônio*. A extinção da sociedade sem o pagamento do passivo é, na prática, uma partilha antecipada do saldo do ativo da pessoa jurídica, legitimando a responsabilização pessoal do administrador e do sócio que o recebeu – na maioria das vezes, a mesma pessoa. Na prática, se o sócio não assume o saldo negativo no momento da liquidação, acaba sendo atingido posteriormente pela execução.

É curioso observar que a jurisprudência do Superior Tribunal de Justiça já sedimentou esse entendimento, pelas razões aqui expostas, dispondo através do verbete da Súmula nº 435: "Presume-se dissolvida irregularmente a empresa que deixar de funcionar no seu domicílio fiscal, sem comunicação aos órgãos competentes, legitimando o redirecionamento da execução fiscal para o sócio-gerente". Importante lembrar que a responsabilização do sócio-administrador requer, ainda assim, para aplicação até mesmo da Súmula, fique comprovada responsabilidade direta à época do fato gerador do débito, por ato praticado com excesso de poderes, infração à lei ou o estatuto, conforme já decidiu o próprio Superior Tribunal de Justiça (EAg 1105993/RJ, Rel. Ministro HAMILTON CARVALHIDO, PRIMEIRA SEÇÃO, julgado em 13/12/2010, DJe 01/02/2011).

capítulo 2

AS OPERAÇÕES SOCIETÁRIAS

2.1. As espécies de operações societárias

As operações societárias consistem em alterações substanciais na estruturação jurídica das sociedades. Em todas as operações societárias citadas, os sócios ou acionistas são conduzidos para uma estrutura alterada, facultando-se eventual direito de recesso.

As operações de transferência de controle de empresas costumeiramente envolvem a utilização de operações societárias, do que se pressupõe a importância do conhecimento de seus principais vetores para a devida condução do negócio jurídico.

Ademais, tais expedientes são largamente utilizados na estruturação de arranjos societários e planejamentos tributários, independentemente da transferência do controle administrativo da sociedade.

O cenário econômico volátil exige mudanças no comportamento das sociedades empresárias. Muitos – até então resistentes às mudanças – buscam por soluções criativas para os problemas financeiros que se avolumam. As operações societárias como a fusão, a cisão, a incorporação e a transformação surgem como veredas capazes de proporcionar resultados relevantes para o futuro das sociedades empresárias.

Os direitos dos credores em caso de incorporação, fusão e cisão estão previstos na Lei das sociedades anônimas, respectivamente nos artigos 232 e 233, além de receberem suporte nas regras gerais de direito civil.

Para Wood Júnior, Vasconcelos e Caldas (2004, p. 42), as operações societárias sofreram sensível projeção após o processo de liberalização econômica:

"primeiro, a desregulamentação dos mercados locais, associada às tendências internacionais em direção à globalização, permitiu que as empresas estrangeiras adquirissem empresas brasileiras; segundo, programas de privatização criaram oportunidades para que muitas empresas estrangeiras e brasileiras adquirissem grandes operações no setor de energia, de telecomunicações e bancário; e terceiro, a elevada competição internacional, associada à acelerada mudança tecnológica, obrigou empresas domésticas a se fundirem ou adquirirem umx'as às outras[1].

Para José Luiz Bulhões Pereira a "transformação, incorporação, fusão e cisão de sociedades são negócios jurídicos contratuais típicos[2]", verdadeiras decisões interna corporis, cuja iniciativa e execução competem ao titular daquele patrimônio.

Vale citar as operações de cisão, que possibilitam, por exemplo, a segregação de operações deficitárias e superavitárias da empresa, de modo a permitir ajustes tributários ou mesmo a alienação de segmentos que possam ser estrategicamente viáveis e convenientes do ponto de vista da captação de recursos.

Já as fusões se revelam opções relevantes na otimização de recursos e na contenção de despesas, permitindo que a nova sociedade possa se fortalecer com a união das forças.

As operações de incorporação se revelam um expediente largamente utilizado na vivência empresarial em tempos de dificuldade econômica. Isso porque, de um lado a sociedade incorporada passará a integrar outra conferindo-lhe maior projeção e de outro a sociedade incorporadora poderá realizar a abertura de novos mercados com o objetivo de maximizar seus resultados.

A alteração do regime societário da empresa, conhecido como transformação, também é capaz de produzir efeitos benéficos para as empresas, citando-se como exemplo a transformação de sociedades limitadas em sociedades anônimas com o objetivo de lançar a empresa transformada para o mercado, possibilitando a captação de investidores, emissão de títulos, debentures, entre outros.

Os substratos jurídicos encontram-se definidos na Lei das Sociedades Anônimas (arts. 220 a 234), para sociedades dessa natureza, e no Código Civil para as demais espécies de sociedade (arts. 1113 a 1122), aplicando-se subsidiariamente a Lei das Sociedades Anônimas.

As operações mais usuais, como a compra e venda, igualmente tem sido utilizadas como estratégia para possibilitar um novo arranjo societário, em benefício das partes envolvidas.

Não se pode olvidar que o sucesso dessas operações depende da elaboração de um projeto econômico-financeiro adequado, e, sobretudo, da definição de uma estratégica jurídica que envolva profissionais

1 Wood Jr., Thomaz; Vasconcelos, Flavio; Caldas Miguel P.; fusões e aquisições no Brasil. Revista de Administração de empresas; RAE. São Paulo, n. 4, 2004, v. 2, p. 41.

2 PEDREIRA, José Luiz Bulhões. Direito das companhias. vol. 2. Rio de Janeiro: Forense, 2009, p. 1.737.

capacitados nas áreas do direito societário, do direito tributário e dos procedimentos administrativos e contábeis para a devida estruturação das operações.

2.1. A Transformação

A transformação da sociedade se consubstancia na mudança de sua natureza societária, ou seja, a alteração do regime eleito no momento de sua constituição.

Os regimes societários dispostos na legislação brasileira são: i. sociedade anônima; ii. sociedade limitada; iii. sociedade limitada de responsabilidade individual; iv. sociedade simples; sociedade em nome coletivo; v. sociedade cooperativa; vi. sociedade em comandita simples; vii. sociedade em comandita por ações.

Ocorre uma metamorfose, ou seja, a alteração das características jurídicas, o que não afeta a existência da empresa, o patrimônio (seus ativos e passivos) ou mesmo a participação societária.

O código civil em seu artigo 1.113 e o artigo 220 da LSA definem que o ato de transformação não representa a dissolução ou a liquidação da sociedade.

> Art. 1.113. O ato de transformação independe de dissolução ou liquidação da sociedade, e obedecerá aos preceitos reguladores da constituição e inscrição próprios do tipo em que vai converter-se.
> Art. 220. A transformação é a operação pela qual a sociedade passa, independentemente de dissolução e liquidação, de um tipo para outro.
> Parágrafo único. A transformação obedecerá aos preceitos que regulam a constituição e o registro do tipo a ser adotado pela sociedade.

Nas palavras de José Edwaldo Tavares Borba[3], a sociedade passará a adotar nova roupagem jurídica.

Dentre os tipos societários mais utilizados destacam-se as sociedades anônimas e as sociedades limitadas, e, com as alterações promovidas pela Lei 12.441/2011, a sociedade individual de responsabilidade limitada.

---

3 BORBA. José Edwaldo Tavares. Direito Societário. Rio de Janeiro: Renovar, 11ª Edição, 2008. pp. 479.

Situação absolutamente distinta é a alteração da qualidade de empresário individual para sociedade empresária, quando ocorrerá a transformação do registro, dando origem a um novo sujeito de direito. Nessa hipótese não se aplicam as disposições da transformação previstas no artigo 220 da LSA e artigo 1130 do C.C.

O Superior Tribunal de Justiça enfrentou recentemente a controvérsia e acompanhou o entendimento doutrinário que:

> DIREITO EMPRESARIAL. SOCIETÁRIO. AGRAVO REGIMENTAL NO RECURSO ESPECIAL. "TRANSFORMAÇÃO" DO EMPRESÁRIO INDIVIDUAL EM SOCIEDADE LIMITADA. OPERAÇÃO SUI GENERIS, DISTINTA DA TRANSFORMAÇÃO DE SOCIEDADES. INTEGRALIZAÇÃO DE CAPITAL COM BEM IMÓVEL. NECESSIDADE DE REGISTRO PARA TRANSMISSÃO DO DOMÍNIO. 1. A transferência de bem imóvel somente se aperfeiçoa com o registro do título translativo no cartório competente. Precedentes. 2. O Tribunal local contrariou a jurisprudência desta Corte ao decidir que a transferência de domínio de bem imóvel de empresário individual para sociedade limitada, a título de integralização do capital social desta aperfeiçoa-se independentemente do registro imobiliário. 3. Não se deve confundir a "transformação" do empresário individual em sociedade empresária com a transformação de pessoa jurídica, operação societária típica regulada nos arts. 220 da Lei n. 6.404/1976 e 1.113 do CC/2002. Nesta, ocorre a mera mudança de tipo societário. Naquela, há constituição de uma nova sociedade, passando o antigo empresário individual a ser um de seus sócios. Assim, a transferência de bem imóvel de sua propriedade para a sociedade é feita a título de integralização do capital social, razão pela qual não prescinde do registro para transmissão do domínio. Doutrina. 4. Agravo regimental desprovido. (AgRg no REsp 703.419/DF, Rel. Ministro ANTONIO CARLOS FERREIRA, QUARTA TURMA, julgado em 02/04/2013, DJe 16/04/2013).

As operações de transformação mais frequentes se dão entre as empresas de responsabilidade limitada e as sociedades anônimas, que representam, com larga vantagem, o maior número de empresas em condições estruturais e financeiras para a realização dessas operações.

Nesse exemplo cita-se a hipótese das empresas limitadas, notadamente aquelas de médio e grande porte, e que pretendem se lançar no mercado de capitais e com a emissão de valores mobiliários. No caso a sociedade obrigatoriamente deverá realizar a transformação de natureza societária, eis que a legislação não permite que as sociedades limitadas realizem essas espécies de operações.

Nada impede, entretanto, que a transformação aconteça entre empresas constituídas nos demais regimes societários, ou seja, que outras modalidades previstas na legislação.

Em resumo, a transformação representa a mudança de um regime societário para outro, acarretando a submissão da sociedades à novas normas que regem o tipo societário eleito.

Não menos frequente é a realização de transformação do MEI – Micro Empresarial Individual para a roupagem jurídica da sociedade limitada, ou seja, o pequeno empresário, até então com personalidade jurídica limitada apenas para fins fiscais, se transforma e então se submete à uma nova estrutura jurídica e novos mecanismos reguladores que lhe permitem alcançar territórios até então intransponíveis na estrutura anteriormente adotada.

Do Superior Tribunal de Justiça encontra-se precedente que trata da possibilidade de realização de transformação por parte das sociedades cooperativas, que são, por definição legal, sociedades simples e reguladas pelas Leis 5.764/71 e 5.765/71.

> ADMINISTRATIVO. SOCIEDADE COOPERATIVA. TIPO DE SOCIEDADE SIMPLES.TRANSFORMAÇÃO EM TIPO DIVERSO. POSSIBILIDADE. PRESCINDIBILIDADE DE DISSOLUÇÃO OU LIQUIDAÇÃO. 1. O art. 4º da Lei n. 5.764/71 estabelece que "as cooperativas são sociedades de pessoas, com forma e natureza jurídica próprias, de natureza civil, não sujeitas a falência, constituídas para prestar serviços aos associados (...)". 2. Consoante jurisprudência do STJ, as cooperativas, nos termos do art. 982, parágrafo único, do Código Civil, são sociedades simples que não exercem atividade empresarial (art. 1.093 do mesmo diploma legal). 3. O art. 63, IV, da Lei 5.765/71 prevê que, em caso de transformação da forma jurídica, ocorrerá, de pleno direito, a dissolução da sociedade cooperativa, dissolução esta compreendida como a resolução da função social para a qual foi criada a cooperativa em decorrência da transformação do tipo de sociedade. 4. O art. 1.113 do Código Civil de 2002 autoriza o ato de transformação societária independentemente "de dissolução ou liquidação da sociedade", resguardando, apenas, a observância dos "preceitos reguladores da constituição e inscrição do tipo em que vai converter-se", de modo que a transformação do tipo societário simples (classificação das cooperativas) não impõe a necessidade de liquidá-la, porque a pessoa jurídica é uma só, tanto antes

> como depois da operação, mudando apenas o tipo (de cooperativa para limitada, na hipótese). Recurso especial improvido. (REsp 1528304/RS, Rel. Ministro HUMBERTO MARTINS, SEGUNDA TURMA, julgado em 20/08/2015, DJe 01/09/2015)

O precedente, de relatoria do Ministro Humberto Martins, reconheceu a possibilidade de realização de transformação por parte de sociedades cooperativas, sem a necessidade de sua liquidação. Trata-se de uma interpretação do artigo 1.113 do Código Civil de 2002 refletindo consequências diretas no que estabelecia o artigo 63, IV, da Lei 5.765/71, que preconiza a manutenção da fonte produtiva e das vantagens dela decorrentes.

Já a Lei nº 12.441/2011, atendendo aos anseios do mercado e da maior parte da comunidade jurídica, criou uma nova estrutura societária, a empresa individual de responsabilidade limitada, cujas disposições estão contidas no artigo 980-A do Código Civil. Resumidamente, uma sociedade limitada que conta com apenas um sócio. A lei estabeleceu diversos requisitos para sua constituição, sendo relevante ao desenvolvimento proposto que se analise a transformação proposta.

O regime anterior exigia a inclusão de no mínimo dois sócios para a constituição da sociedade limitada, hipótese em que terceiros, estranhos ao verdadeiro controle societário fossem incluídos com uma participação ínfima do capital com o único objetivo de atender a exigência legal.

Com a criação da EIRELI encetou-se a possibilidade de transformação das sociedades limitadas em empresas individuais de responsabilidade limitada, com a consequente exclusão daquele sócio meramente figurativo.

A aprovação exige aprovação unânime dos sócios ou acionistas, salvo previsão diversa no estatuto ou no contrato social. O sócio que não concorde com a alteração, em regra, possui o direito de retirada da sociedade.

Determinam também que a transformação obedecerá aos preceitos reguladores da constituição e inscrição próprios do tipo em que vai converter-se.

Sua utilização tem sido muito frequente independentemente das hipóteses de alienação de ativos ou de modificação do controle da empresa.

Trata-se de hipótese que atende especialmente, e com maior frequência, empresas ascendentes, aquelas empresas saudáveis, superavitárias, financeiramente viáveis, e que pretendem reorganizar sua estrutura para buscar maior dinamismo em suas operações.

2.3. A fusão

A fusão se caracteriza enquanto técnica de reorganização societária através da concentração de capital. As sociedades originárias são extintas advindo uma nova sociedade.

A Lei das Sociedade Anônimas define que a fusão é a operação por meio da qual se unem duas ou mais sociedades para formar sociedade nova, que lhes sucederá em todos os direitos e obrigações.

A legislação especializada define, ainda, os seguintes procedimentos que obrigatoriamente deverão acompanhar o processo de incorporação:

> Art. 228[...]
> § 1º A assembléia-geral de cada companhia, se aprovar o protocolo de fusão, deverá nomear os peritos que avaliarão os patrimônios líquidos das demais sociedades.
> § 2º Apresentados os laudos, os administradores convocarão os sócios ou acionistas das sociedades para uma assembléia-geral, que deles tomará conhecimento e resolverá sobre a constituição definitiva da nova sociedade, vedado aos sócios ou acionistas votar o laudo de avaliação do patrimônio líquido da sociedade de que fazem parte.
> § 3º Constituída a nova companhia, incumbirá aos primeiros administradores promover o arquivamento e a publicação dos atos da fusão.

Trata-se de operação pouco utilizada na prática societária brasileira, uma vez que pode ser facilmente substituída pela incorporação de sociedade, eliminando-se a necessidade de constituição de uma nova sociedade e a notória burocracia envolvida[4].

Para Rubens Requião[5], a fusão é a operação "pela qual se unem duas ou mais sociedades, de tipos iguais ou diferentes, para formar sociedade nova que lhes sucederá em todos os direitos e obrigações. (...) É causa de extinção das sociedades envolvidas"

No direito norte-americano a fusão, denominada "merger", é assim conceituada e definida e caracterizada:

A merger is the process by which two companies unite their businesses, often in order to perform at multinational level. There are many

4 Reorganizações empresariais: aspectos societários e tributários / Roberta Nioac Prado, Daniel Monteiro Peixoto, coordenadores. – São Paulo : Saraiva, 2011. (Série GVLaw), p.242.

5 REQUIÃO, Rubens. Curso de direito comercial. 22. ed. São Paulo: Saraiva, 2000, p. 236.

different reasons why companies would want to merge their businesses, such as to extend their market or their range of products. In certain cases a customer or supplier would like to join forces and provide both the product and the supply in the same business[6].

Assim como ocorre na transformação, é permitido ao acionista o exercício do direito de retirada mediante o reembolso do valor de suas ações, isso porque não pode o acionista ser compelido a se manter em uma sociedade diversa à que ingressou.

Relativamente ao direito de recesso compulsório, o Superior Tribunal de Justiça assim consolidou o seu entendimento:

DIREITO COMERCIAL. DIREITO DE RECESSO. INCORPORAÇÃO. Após a Lei nº 7.958/89, o acionista da sociedade anônima não mais tem direito de retirada nos casos de cisão, fusão e incorporação da companhia. Recurso não conhecido. (REsp 139.777/RS, Rel. Ministro BARROS MONTEIRO, Rel. p/ Acórdão Ministro CESAR ASFOR ROCHA, QUARTA TURMA, julgado em 02/10/2003, DJ 09/12/2003, p. 290)

O entendimento se consolidou após longos debates em torno da matéria, prevalecendo a compreensão de não mais permitido o direito de retirada diante da mera realização do ato societário.

2.4. A Incorporação

Do mesmo modo que a fusão, trata-se de técnica de reorganização societária através da concentração de capital.

Requião[7] explica que a incorporação é a "operação pela qual uma ou mais sociedades, de tipos iguais ou diferentes, são absorvidas por outra, que lhe sucede em todos os direitos e obrigações".

Na incorporação a sociedade incorporada deixa de existir e a sociedade incoporada agrega o todo o "corpo" da sociedade incorporada.

De acordo com os ensinamentos de Gladstone Mamede [8]:

"como resultado da incorporação, todos os direitos e obrigações da sociedade incorporada passarão a ser direitos e obrigações da sociedade incorporada. O artigo 1.116 do código civil fala em sucessão de direitos e obrigações, no que privilegia o aspecto nominal da incorporação: incorporada deixa de existir, sendo extinto o respectivo registro, incorporada continua existindo, e, assim, seria sucessora da incorporadora. É uma meia verdade: na incorporação não há apenas extinção do nome e re-

---

6 UNITED ESTATES. http://www.financepractitioner.com/mergers-and-acquisitions-key-concepts

7 BRASIL, 1976; REQUIÃO, 2005)

8 MAMEDE (2016, VOL. 2, P. 145)

gistro da incorporada; a sociedade preservou-se, pessoas e patrimônio, ainda que absorvida por outra sociedade. Ora o patrimônio é a universitas iuris da pessoa. A incorporação do patrimônio é incorporação – e não sucessão – dessa universitas iuris, ou seja, de direitos e deveres. Opera-se uma metamorfose patrimonial e pessoal usando a expressão do Ministro Humberto Gomes de Barros no Recurso Especial 242.721/SC, anteriormente transcrito. Não há, em sentido jurídico, transferência: se entre os bens incorporados estavam, por exemplo, mercadorias do ativo circulante, não terá ocorrido a circulação das mesmas, apenas a alteração do nome do titular; sendo bens imóveis, igualmente: não haverá transmissão do bem, mas, reitero, mera alteração nominal do titular, já que ao corpor de uma sociedade acrescentou-se o corpo de outra. Justamente por isso, o artigo 234 da LSA ainda que reiterando no uso do termo sucessão – prevê que a certidão de incorporação, passada pelo Registro Civil das pessoas jurídicas serve como documento hábil.

O Código Civil assim define acerca da incorporação e de suas consequência jurídicas:

> Art. 1.116. Na incorporação, uma ou várias sociedades são absorvidas por outra, que lhes sucede em todos os direitos e obrigações, devendo todas aprová-la, na forma estabelecida para os respectivos tipos.
> Art. 1.117. A deliberação dos sócios da sociedade incorporada deverá aprovar as bases da operação e o projeto de reforma do ato constitutivo.
> § 1º A sociedade que houver de ser incorporada tomará conhecimento desse ato, e, se o aprovar, autorizará os administradores a praticar o necessário à incorporação, inclusive a subscrição em bens pelo valor da diferença que se verificar entre o ativo e o passivo.
> § 2º A deliberação dos sócios da sociedade incorporadora compreenderá a nomeação dos peritos para a avaliação do patrimônio líquido da sociedade, que tenha de ser incorporada.
> Art. 1.118. Aprovados os atos da incorporação, a incorporadora declarará extinta a incorporada, e promoverá a respectiva averbação no registro próprio.
> Em resumo, a empresa incorporadora sucederá a empresa incorporada em todos os direitos e obrigações, operando-se uma sucessão completa de forma e de conteúdo. A sociedade incorporadora agregará os ativos e passivos da sociedade incorporada, que, por sua vez, se extinguirá por completo mediante o competente registro.

2.5. A cisão

Contrariamente do que ocorre com a fusão e a incorporação, a cisão pressupõe justamente a desconcentração de capital societário.

Para Carvalhosa[9] "a cisão constitui negócio plurilateral, que tem como finalidade a separação do patrimônio social em parcelas para a constituição ou integração destas em sociedades novas ou existentes".

De acordo com José Edwald Tavares Borba[10]:

"a cisão diversamente da fusão e da incorporação que são fenômenos de aglutinação, a cisão opera por cissiparidade. Na cisão, a sociedade se fragmenta, dividindo-se em duas ou mais parcelas. Essas parcelas patrimoniais (valores ativos e passivos) tanto poderão originar novas sociedades como integrar-se em sociedades existentes. No primeiro caso, não haverá protocolo, pois todo o processo se desenvolverá no âmbito interno da sociedade cindida. No segundo, como as parcelas patrimoniais serão incorporadas por outras sociedades, entre estas e a cindida celebrar-se-á o protocolo.

Ainda de acordo com a doutrina:

"Quanto à fusão e à incorporação, o que leva a empresa ao gigantismo (macro empresa) fala-se em concentração na unidade. Já com relação à cisão, em concentração na pluralidade, posto que é o caminho inverso. Fragmenta-se a unidade em duas ou mais, sem que com isto, todavia, este poder torne-se menor"

Trata-se de modalidade afeta a empresas que pretendam segregar negócios ou operações objetivando tornar-se mais competitiva ou financeiramente atrativa.

A Lei das Sociedades Anônimas assim estabelece:

> Art. 229. A cisão é a operação pela qual a companhia transfere parcelas do seu patrimônio para uma ou mais sociedades, constituídas para esse fim ou já existentes, extinguindo-se a companhia cindida, se houver versão de todo o seu patrimônio, ou dividindo-se o seu capital, se parcial a versão.
> § 1º Sem prejuízo do disposto no artigo 233, a sociedade que absorver parcela do patrimônio da companhia cindida sucede a esta nos direitos e obrigações relacionados no ato da cisão; no caso de cisão com extinção, as sociedades que absorverem parcelas do patrimônio da companhia cindida sucederão a

9 CARVALHOSA, Modesto. Comentário à Lei de Sociedades Anônimas. São Paulo: Editora Saraiva, 1998. V. 4, Tomo I, p. 274.

10 BORBA, José Ewaldo Tavares, 2009. 12ª edição. Direito societário. Editora Renovar.

> esta, na proporção dos patrimônios líquidos transferidos, nos direitos e obrigações não relacionados.
> § 2º Na cisão com versão de parcela do patrimônio em sociedade nova, a operação será deliberada pela assembléia-geral da companhia à vista de justificação que incluirá as informações de que tratam os números do artigo 224; a assembléia, se a aprovar, nomeará os peritos que avaliarão a parcela do patrimônio a ser transferida, e funcionará como assembléia de constituição da nova companhia.
> § 3º A cisão com versão de parcela de patrimônio em sociedade já existente obedecerá às disposições sobre incorporação (artigo 227).
> § 4º Efetivada a cisão com extinção da companhia cindida, caberá aos administradores das sociedades que tiverem absorvido parcelas do seu patrimônio promover o arquivamento e publicação dos atos da operação; na cisão com versão parcial do patrimônio, esse dever caberá aos administradores da companhia cindida e da que absorver parcela do seu patrimônio.

Acerca dos direitos dos credores nas operações societárias de cisão a Lei das Sociedades Anônimas assim consignou:

> Art. 233. Na cisão com extinção da companhia cindida, as sociedades que absorverem parcelas do seu patrimônio responderão solidariamente pelas obrigações da companhia extinta. A companhia cindida que subsistir e as que absorverem parcelas do seu patrimônio responderão solidariamente pelas obrigações da primeira anteriores à cisão.
> Parágrafo único. O ato de cisão parcial poderá estipular que as sociedades que absorverem parcelas do patrimônio da companhia cindida serão responsáveis apenas pelas obrigações que lhes forem transferidas, sem solidariedade entre si ou com a companhia cindida, mas, nesse caso, qualquer credor anterior poderá se opor à estipulação, em relação ao seu crédito, desde que notifique a sociedade no prazo de 90 (noventa) dias a contar da data da publicação dos atos da cisão.

Neste caso, as sociedades que eventualmente absorverem patrimônio da cindida lhe sucederão em seus direitos e obrigações especificamente no que se refere a cisão.

Confira-se o magistério de Fran Martins[11]:

Havendo cisão com versão integral do patrimônio social, a sociedade cindida desaparece, passando seu patrimônio a integrar ou mesmo compor o patrimônio das sociedades que se formam ou que preexistiam e recebem parte do patrimônio da sociedade extinta. Em tal situação, os credores, que eram garantidos pelo patrimônio integral da sociedade extinta, seriam prejudicados se ficassem garantidos apenas pelo patrimônio de uma das sociedade a que foi transferido parte do patrimônio da cindida. Daí estipular a lei – logicamente não poderia ser de outra maneira – que as sociedades que

> absorverem parcelas do patrimônio da sociedade extinta, quando ocorre versão total do patrimônio, respondem, solidariamente, pelas obrigações da extinta, já que ditas sociedades foram beneficiadas por parcelas do patrimônio da mesma. Poderá, entretanto, verificar-se apenas uma cisão parcial, sendo transferido parte do patrimônio da sociedade para uma outra, existente ou criada para esse fim, permanecendo a sociedade cindida com parte do seu patrimônio primitivo. Ainda aqui os credores teriam reduzida a garantia da satisfação dos seus créditos, visto como, para a sociedade que permanece, diminuiu o patrimônio. A lei, obedecendo ao mesmo princípio de justiça em relação aos direitos dos credores, dispõe que a companhia cindida que subsistir e a ou as sociedades que recebeu ou receberam parte do seu patrimônio são solidariamente responsáveis pela satisfação das obrigações assumidas pela sociedade cindida antes de ser operada a cisão.

A exceção acerca da previsão de responsabilidade ocorre na hipótese da cisão parcial, em havendo estipulação em sentido contrário no protocolo de cisão acerca das responsabilidades sociais, podendo, nesta hipótese, haver repasse às sociedades que absorveram o patrimônio da cindida, apenas das obrigações que lhes forem expressamente transferidas, situação essa que afastaria a solidariedade das obrigações anteriores à cisão.

Em existindo estipulação restritiva de responsabilidade no protocolo de cisão, será garantido aos credores da sociedade a oposição de impugnação, se exercido tal direito no prazo de noventa dias, mediante

11 (MARTINS, Fran. Comentários à lei das sociedades anônimas . 4ª ed. Rio de Janeiro: Forense, 2010, pp. 965/966)

notificação à sociedade, tudo conforme previsão contida no parágrafo único do art. 233.

Do Superior Tribunal de Justiça:

[...]

4. No caso de haver, no protocolo de cisão, estipulação restritiva da solidariedade entre a cindida e as incorporadoras, deve-se garantir aos credores da companhia a oposição de impugnação, se exercido tal direito no prazo de 90 (noventa) dias, mediante notificação à sociedade devedora (§ único do art. 233). 5. Porém, relativamente a credores com títulos estabelecidos depois da cisão parcial, mas relativos a negócios jurídicos anteriores à operação, descabe a aplicação do § único do art. 233 da Lei n.º 6.404/76, que excepciona a solidariedade entre a cindida e as companhias que absorveram o patrimônio. [...] (REsp 753.159/MT, Rel. Ministro LUIS FELIPE SALOMÃO, QUARTA TURMA, julgado em 05/04/2011, DJe 29/04/2011)

E ainda:

COMERCIAL E PROCESSUAL CIVIL. RECURSOS ESPECIAIS. ENERGIA ELÉTRICA. PORTARIAS 38 E 45/86 DO EXTINTO DNAEE. RESTITUIÇÃO. ILEGITIMIDADE DA ANEEL CISÃO PARCIAL. CRÉDITO ANTERIOR À OPERAÇÃO RECONHECIDO POSTERIORMENTE. ARTS. 229, § 1º E 233, PARÁGRAFO ÚNICO DA LEI 6.404/76. TRANSFERÊNCIA DE ENCARGOS. INEFICÁCIA EM RELAÇÃO A CREDOR QUE, À ÉPOCA, NÃO PODIA SE OPOR. (...) 3. No caso de cisão total, as sociedades assim originadas respondem, em solidariedade, pelas obrigações da companhia que se extingue (artigo 233). 4. Tratando-se de cisão parcial, via de regra, também prevalece a solidariedade, a menos que no ato de reestruturação societária exista disposição em sentido contrário. Neste caso, tendo sido afastada a solidariedade entre a sociedade cindida e as sociedades que vierem a absorver parcela do patrimônio cindido, os credores anteriores à cisão podem se opor à estipulação de ausência de solidariedade com relação a seus créditos, mediante o envio de notificação à sociedade no prazo de 90 dias a contar da publicação dos atos da cisão. 5. Em relação aos credores com títulos constituídos após a cisão, mas referentes a negócios jurídicos anteriores, não se aplica a estipulação que afasta a solidariedade, já que, à época da cisão, ainda não detinham a qualidade de credores, portanto, não podiam se opor à estipulação. Esta interpretação dos arts. 229, § 1º c/c 233, parágrafo único, da Lei n.º 6.404/76 garante tratamento igualitário entre todos os credores da sociedade cindida. 6. Recurso especial da ANEEL conhecido em parte e provido. Recurso da Rio Grande Energia S/A improvido. (REsp 478824/RS, Rel. Ministro CASTRO MEIRA, SEGUNDA TURMA, julgado em 24/08/2005, DJ 19/09/2005, p. 250)

A certidão lavrada pelo registro competente, dando conta da operação societária de incorporação, fusão ou cisão é o documento hábil para averbação nos registros públicos da sucessão, decorrente da operação, em bens, direitos e obrigações (artigo 234, LSA).

2.6. A compra e venda pura e simples

Grande parte das operações societárias se opera justamente através da formulação de operações de compra e venda simples, por meio da qual o detentor das quotas ou das ações transfere a propriedade para terceiros mediante o pagamento do preço e o cumprimento das condições ajustadas.

O conceito norte-americano assim esclarece acerca das operações de "acquisitions"[12]:

Acquisition refers to the process of buying something. In commercial language, an acquisition means either the process of acquiring a business or shares in a company. By buying the whole of the shares in a company, a buyer will become the owner of the company including its business.

A existência de diversas nomenclaturas não modifica a natureza jurídica da operação, também conhecida como trespasse, ou seja, a transferência da titularidade do estabelecimento comercial, que representa o conjunto de bens, direitos e obrigações da empresa.

Os conceitos de gerais dessa espécie de contrato encontram previsão no artigo 481 do Código Civil, que conceitua:

> Art. 481. Pelo contrato de compra e venda, um dos contratantes se obriga a transferir o domínio de certa coisa, e o outro, a pagar-lhe certo preço em dinheiro.

Com a efetivação da compra e venda haverá a alteração da titularidade de parcelas ou até mesmo da totalidade dos direitos patrimoniais da sociedade empresária.

A disciplina contida entre os artigos 1144 e 1149 do Código Civil estabelece os requisitos para a eficácia do negócio jurídico, assim como as hipóteses de responsabilidade por sucessão, ou seja, em que medida o adquirente responderá pelas dívidas do alienante.

Tanto aos interesses daquele que pretende a aquisição, quanto daquele que pretende a celebração de compra e venda de direitos societá-

12 UNITED ESTATES. http://www.financepractitioner.com/mergers-and-acquisitions-key-concepts

rios, é necessário observar as regras gerais impostas pela natureza da sociedade e também por seu regramento específico.

É relevante considerar, ainda, em que medida os débitos pretéritos do alienante poderão alcançar o adquirente e a respectiva sociedade empresária.

Isso porque os instrumentos contratuais (estatutos sociais, contratos sociais e acordo de acionistas) costumam prever mecanismos de proteção dos sócios/acionistas e também da própria sociedade empresária, sendo que a inobservância de cláusulas previamente ajustadas poderá resultar na ineficácia do negócio jurídico celebrado.

Não por outra razão os contratos dessa natureza costuma prever garantias mútuas. Tanto para o alienante, visando assegurar o pagamento do preço estipulado, quanto para o adquirente, pretendendo assegurar-se de eventuais contingências não materializadas e que importem em alterações no cenário previsto no momento da contratação.

capítulo 3

ESTRUTURAÇÃO DE OPERAÇÕES SOCIETÁRIAS

O presente capítulo se propõe a destacar conceitos, técnicas e instrumentos hodiernamente utilizados na realização das operações societárias, desde a sua formação até a sua ultimação.

Sem pretender apresentar modelos, ou fórmulas, mas com o objetivo de proporcionar melhor compreensão acerca dos conceitos apresentados, ao final o livro apresentar padrões acerca dos institutos em discussão nesse capítulo.

3.1. O projeto

A falta de utilização e formatação adequada de um projeto nas operações de *mergers and acquisitions* de pequenas e médias empresas é causa frequente do insucesso das operações. Afinal, sem a exposição ordenada das informações básicas e necessárias para a apresentação do negócio, dificilmente haverá receptividade e aceitação por parte do público alvo.

É certo que cada sociedade empresária guarda consigo sua história, seu passado, seu método e sua organização, o que lhe torna, essencialmente, única. Existem premissas gerais, entretanto, que servem de balizadores no mercado econômico e, uma vez bem identificadas e quantificadas no projeto, tornam a operação de atrativa para eventuais interessados.

Partindo de um ângulo funcional o projeto pode ser conceituado como:

Um projeto em "negócio" e ciência é normalmente definido como um empreendimento colaborativo, frequentemente envolvendo pesquisa ou desenho, que é cuidadosamente planejado para alcançar um objetivo particular. Projetos podem ainda ser definidos como sistemas sociais tempo e uma demanda de mercado, necessidade organizacional, solicitação de um cliente, avanço tecnológico ou requisito legal[1].

1 https://www.itegam.org.br/projetos

Por se tratarem de operações costumeiramente complexas, que podem envolver inclusive investimentos de grande proporção, oriundos até mesmo de outros países, torna-se fundamental esclarecer todas as proposições relacionadas ao negócio de maneira sistematizada, destacando e valorizando as informações potenciais da sociedade.

Aspectos como o histórico da empresa, a definição do segmento de atuação e as projeções de mercado são elementos básicos e essenciais para alcançar os investidores que possuam interesse na celebração das negociações.

Em um nível avançado de organização, os projetos são estruturados através de trabalho específico de *PMO – Project Management Operations* compreendendo a elaboração de projeções voltadas para o atendimento dos interesses dos adquirentes.

O bom desenvolvimento e a correta condução de um projeto ampliam exponencialmente as chances de sucesso da operação, além de proporcionar um aumento no valor de venda, inclusive para fazer frente às despesas usuais decorrente do processo de venda.

Não se pode olvidar que o projeto apresentado pode caracterizar-se enquanto proposta, e, nesses termos, vincular a parte ao cumprimento das condições que foram apresentadas:

Afinal, o Código Civil assim estabelece:

Art. 427. A proposta de contrato obriga o proponente, se o contrário não resultar dos termos dela, da natureza do negócio, ou das circunstâncias do caso.

Por mais essa razão é preciso adotar cautela na apresentação das informações, sem deixar de destacar os elementos essenciais para que o documento atinja a sua finalidade.

A tradução das informações relevantes, ainda que sem a exposição daquelas que sejam de caráter sigiloso, exige conhecimento técnico e acompanhamento de consultoria especializada desde o início até o encerramento das proposições.

3.2. Termo de intenções

O "Termo de Intenções", do inglês "*Letter of Intent*", representa um instrumento jurídico muito utilizado nas tratativas de negociações de parcelas societárias.

Trata-se de mecanismo que se presta a regulamentar aspectos preliminares do pacto negocial, com vistas a proteger tanto aquele que absorve quanto aquele cede parcela de capital.

Também chamado de "Memorando de Entendimento", do inglês, "*Memorandum of Understanding*", sua função é definir parâmetros procedimentais que deverão ser respeitados na condução do processo negocial.

Em resumo, trata-se de um acordo preliminar, em que se estabelecem procedimentos e obrigações necessários para o aperfeiçoamento do acordo, podendo citar-se ainda: a especificação do negócio, as cláusulas restritivas, intenção em continuar com toda a operação da sociedade, as garantias, eventuais indenizações e compensações.

A legislação brasileira não possui regramento específico acerca desse mecanismo. Nosso sistema jurídico tutela o princípio da autonomia da vontade para as relações privadas, ou seja, garante que os indivíduos possam transacionar em relação à tudo o que não for vedado pela lei.

Nesse contexto o termo de intenções, ainda que documento prévio à celebração do contrato definitivo, pode deliberar a respeito de todos os assuntos que não forem defesos em lei.

É comum que as partes estabeleçam linhas gerais acerca do negócio a ser realizado, especialmente as partes (*Sellers/Shareholders, Purchasers*), o objeto (*Target*), as condições (*Transaction*), o preço e a formatação dos pagamentos (*Purchase price and payment terms*).

Tais mecanismos devem fixar objetivamente condições para o aperfeiçoamento do negócio, além de consequências para o caso de não se alcançarem as expectativas, para a hipótese de superação das expectativas e, ainda, consequências para a interrupção ou desistência das tratativas negociais, tal como multas ou cláusulas proibitivas.

Em muitas oportunidades ocorre a antecipação de valores por parte dos adquirentes, bem como a disponibilização de informações e documentos acerca do funcionamento da empresa, revelando ser imperiosa a previsão de cláusulas de proteção mútua.

A apresentação das condições gerais da convenção (objeto, preço e condições) costumam ser indicados superficialmente no instrumento, bem como os procedimentos necessários para o aperfeiçoamento da operação, ou seja quais etapas remanescem para que os ajustes possam se ultimar.

Em outras palavras, quais os próximos passos que serão adotados até o desfecho do negócio, que poderão resultar no avanço e na concretização da operação, ou mesmo na sua desistência.

Assim como todo e qualquer instrumento contratual ordinário, a preocupação do termo de intenções deve ser a avaliação dos cenários projetados e suas consequências.

O Código Civil assim determina:

Art. 421. A liberdade de contratar será exercida em razão e nos limites da função social do contrato.

Art. 422. Os contratantes são obrigados a guardar, assim na conclusão do contrato, como em sua execução, os princípios de probidade e boa-fé.

Com frequência são fixadas multas para as hipóteses de descumprimento das obrigações contidas no termo ou mesmo para a hipótese de desistência injustificada do negócio.

Não menos comuns são as cláusulas conhecidas como shop provisions, que são, em verdade, cláusulas de exclusividade de negociação assumidas pelas parte com o objetivo de demonstrar boa-fé e o propósito verdadeiro na ultimação do projeto.

É fundamental eu se estabeleçam critérios objetivos de tempo (prazo de validade) e modo (características próprias) com que se estrutura a operação, visando sempre afastar dúvidas que possam criar empecilhos para a conclusão da operação.

3.3. Termo de sigilo e confidencialidade

O Termo de Sigilo, que muitas vezes se apresenta na forma de cláusulas do próprio Termo de Intenções, ou mesmo do contrato definitivo, representa um mecanismo largamente comum à espécie.

Trata-se de desdobramento direto do princípio da boa-fé contratual, cuja previsão repousa no artigo 422 do Código Civil.

Pablo Stolze Gagliano e Rodolfo Pamplona Filho[2] assim lecionam:

Em uma dada relação jurídica, presente o imperativo dessa espécie de boa fé, as partes devem guardar entre si a lealdade e o respeito que se esperam do homem comum. Com isso, queremos dizer que, livrando-nos das amarras excessivamente tecnicistas da teoria clássica, cabe-nos fazer uma releitura da estrutura obrigacional, revista à luz dessa construção ética, para chegarmos à inafastável conclusão de que o contrato não se esgota apenas na obrigação principal de dar, fazer ou não fazer. Ladeando, pois, esse dever jurídico principal, a boa fé objetiva impõe também a observância de deveres jurídicos anexos ou de proteção, não menos relevantes, a exemplo dos deveres de lealdade e confiança, assistência, confidencialidade ou sigilo, confiança, informação etc.

A Constituição da República Federativa do Brasil estabelece no inciso XXIX do artigo 5º, a proteção "aos autores de inventos industriais privilégio temporário para sua utilização, bem como proteção às criações industriais, à propriedade das marcas, aos nomes de empresas e a outros signos distintivos, tendo em vista o interesse social e o desenvolvimento tecnológico e econômico do País".

Do mesmo modo, o Código Penal Brasileiro descreve como crime a violação de segredo, ao dispor em seu artigo 153:

2 (Novo curso de direito civil. 2ª ed. São Paulo: Saraiva, 2006. p. 66-67)

> Art. 153 – Divulgar alguém, sem justa causa, conteúdo de documento particular ou de correspondência confidencial, de que é destinatário ou detentor, e cuja divulgação possa produzir dano a outrem:
> Pena – detenção, de um a seis meses, ou multa

O compromisso das partes relativamente ao sigilo e a confidencialidade das informações obtidas durante as tratativas negociais é primordial para o avanço e o sucesso das operações, notadamente porque se faz necessária a apresentação de informações internas, privadas, cujo acesso indiscriminado pode causar prejuízos de elevada monta.

Podem ser tratadas como sigilosas e confidenciais todas as informações próprias indicadas pelas partes, sendo comum que se estabeleça proteção ampla e irrestrita, ou seja, sigilo relativamente à todas as informações, escritas, orais ou digitais reveladas à outra parte, contendo elas ou não a expressão "confidencial", abrangendo informação, tangível ou intangível, podendo incluir, mas não se limitando a: *know-how*, técnicas, designs, especificações, desenhos, cópias, diagramas, fórmulas, modelos, amostras, fluxogramas, croquis, fotografias, plantas, programas de computador, discos, disquetes, fitas, contratos, folhas de pagamento, planilhas de cálculo, cartões ponto, metas, documentos de identificação de funcionários, planos de negócios, processos, projetos, conceitos de produto, especificações, amostras de ideias, clientes, nomes de revendedores e/ou distribuidores, preços e custos, definições e informações mercadológicas, invenções e ideias, receitas e despesas das empresas e outras informações técnicas, financeiras, comerciais ou de uso do setor de recursos humanos.

Seja qual for ai forma de abordagem, em instrumento próprio, ou inserido em outro instrumento contratual, se mostra salutar o estabelecimento de premissas de sigilo e confidencialidade de acordo com as características próprias e particulares de cada tratativa.

3.4. *Valuation*

A realização de avaliação do efetivo valor projetado do negócio é essencial para que as operações possa ser bem sucedidas e alcancem o resultado esperado.

As relações negociais evidentemente são reguladas por elementos mercatórios próprios, que podem afastar substancialmente o valor de fechamento do valor de avaliação, seja para vetores positivos ou negativos.

A obtenção de informações acerca do valor de base do negócio interessa tanto àquele que pretenda receber quanto àquele que pretenda se desfazer de valores societários.

Em primeiro lugar é necessário dizer que não existe uma fórmula pronta. Definitivamente não existe uma receita que possa indicar qual o valor de base para a valoração dos ativos societários negociados.

Conhecer conceitos básicos e já indicados no presente livro, como patrimônio (ativo x passivo), capital social, estabelecimento empresarial são elementos básicos para a formação do preço.

O faturamento alcançado, a capacidade de gerar renda, a clientela, a marca e os demais bens imateriais de titularidade da empresa servem igualmente enquanto parâmetro e devem ser apurados durante a valuation.

Por outro lado, a lucratividade e a rentabilidade da empresa são elementos que sempre se mostram extremamente relevantes para a adequada valoração. Afinal, o lucro constitui o objetivo final de toda a atividade empresarial[3].

Trata-se de operação altamente técnica e complexa, que exige conhecimento dos mecanismos e do mercado de específico de atuação, buscando, com isso, conferir maior segurança e convicção para a celebração do contrato.

3.5. *Due Diligence*

Outro procedimento essencial para a formatação do negócio, e que normalmente precede a assinatura do contrato definitivo, consiste na due diligence.

Acerca da *due diligence*, ensina Thiago Carvalho Santos[4]:

A realização de uma "*due diligence*", normalmente, começa no período de entendimentos iniciais entre as partes interessadas no negócio ou transação, onde o possível vendedor possibilita o acesso exclusivo ao comprador, ficando tais informações e documentos restritos ao conhecimento único e exclusivo das partes envolvidas, devendo a equipe que realizará as análises de tais documentos firmarem acordos de confidencialidade para que tais informações não sejam transmitidas para concorrentes ou outros interessados.

Trata-se de trabalho que objetiva apurar os resultados e as informações compiladas pelo alienante, com vistas a fundamentar o negócio e suas condições, podendo resultar, inclusive, no seu desfazimento.

3 Adam Smith, Inquiry Into the Nature and Causes of the Wealth of Nations (1776), Vol.I, p.19. Methuem & Co., Londres, 1930. IN: CHATELET, François; DUHAMEL, Oliver; KOUCHNER, Evelyne P. História das Idéias Políticas. Trad. Carlos Nelson Coutinho; 1985. Jorge Zahar Editor – Rio de Janeiro RJ.

4 SANTOS, Thiago Carvalho. A importância da "due diligence" no universo empresarial. Portal Jurídico Investidura, Florianópolis/SC, 01 Abr. 2009

A realização da due diligence se inicia com a reunião dos documentos necessários para a formatação dos trabalhos.

Na segunda fase os documentos são compilados, podendo ser realizadas visitas, entrevistas e reuniões na sociedade ou, até mesmo a solicitação de documentos complementares e a verificação da fidelidade daqueles apresentados.

Os trabalhos se ultimam com a apresentação do relatório final, que contemplará as informações que foram parametrizadas pelas partes, e, então, fundamentarão as tomadas de decisão e a assinatura do contrato principal.

Diante da multiplicidade de informações que decorrem de toda e qualquer atividade produtiva, bem como da existência de contextos e conceitos econômicos e financeiros próprios e particulares, muitas vezes distintos entre os interessados, se mostra essencial a realização de um trabalho acurado com vistas a elucidar todos os aspectos relevantes, melhorando a qualidade da negociação e evitando futuros conflitos.

3.6. Contrato de aquisição

O contrato de aquisição representa o instrumento jurídico que irá dispor acerca de todas as condições necessárias para o aperfeiçoamento da operação, seja qual for sua modalidade.

Em sua estrutura, o pacto possui requisitos subjetivos: i. existência de pluralidade de pessoas; ii. capacidade para a prática de atos civis; iii. aptidão suficiente para contratar; iii. consentimento das partes envolvidas.

Possui, ainda, requisitos objetivos: i. licitude do seu objeto; ii. possibilidade física ou jurídica do objeto do negócio jurídico; iii. determinação do objeto do contrato; iv. economicidade de seu objeto.

Detém, ainda, requisitos de ordem formal, que, no caso do contrato de compra e venda referem-se: i. partes; ii. objeto; iii. preço, conforme dicção contida no artigo 482 do Código Civil.

Relativamente às partes, o contrato pode prever negociações *one-to-one*, ou seja, operações singulares, com apenas uma parte em cada polo, ou *private bid*, com pluralidade de agentes envolvidos.

Pode prever, enquanto sujeitos, sujeitos principais, ou seja, aqueles que suportarão a carga imediata da transferência, como o comprador e o vendedor, além de sujeitos secundários, que suportarão efeitos indiretos na transação, como, por exemplo, garantidores e anuentes.

Acerca do seu objeto, a compra e venda de participações societárias pode tocar participações totais ou parciais, mas também pode tocar transações de ativos societários.

Com efeito, o pacto pode estabelecer condições próprias para o "*signing*" (assinatura) e "*closing*" (fechamento) da transação, além da obrigação de aprovação de terceiro, como na hipótese de operações sujeitas à aprovação, além da necessidade de manutenção das condições prévias ao fechamento "*conditions precedent*".

Enquanto elemento essencial, exigido por lei, o preço, que poderá ser fixo ou variável, e a forma de pagamento, se configuram enquanto elementos essenciais.

As declarações, os propósitos e as simulações de cenários são frequentes e se prestam a melhor esclarecer os propósitos da negociação e as consequências advindas do trato, mitigando, assim, as chances de interpretações duvidosas e contingências futuras.

Mesmo diante da realização dos procedimentos prévios de valuation e due diligence, é aconselhável que se estabeleçam cláusulas que esclareçam acerca da obrigação, os limites e a extensão de eventuais indenizações ou compensações por contingências praticadas antes da transferência, notadamente aquelas não materializadas, e, que, portanto, não puderam ser estimadas na contratação.

Devem ser fixadas as hipóteses de resolução (dissolução do contrato em caso de inadimplemento culposo ou fortuito) rescisão (extinção no caso de nulidade) e resilição (desfazimento do pacto por manifestação de vontade, podendo tanto ser bilateral (através de distrato, na forma do artigo 472 do Código Civil ou unilateral, na forma de denúncia, conforme preceitua o artigo 473 do Código Civil.

As partes podem estabelecer, ainda, garantias que serão prestadas para assegurar o cumprimento das obrigações assumidas. É interessante observar que nessa modalidade de operação a garantia pode ser oferecida tanto por parte do "comprador/cessionário" quanto por parte do "vendedor/cedente".

Por parte do adquirente com o objetivo de assegurar o pagamento do preço estabelecido, ou seja, com o propósito de assegurar o adimplemento das parcelas vincendas.

Em relação ao alienante, por exemplo, para assegurar o ressarcimento de eventuais contingências (materializadas ou não) e que não compuseram o preço do negócio.

A hipótese mais frequente refere-se ao passivo objeto de questionamento administrativo/judicial, e que, uma vez não solucionado, será assumido pela sociedade ou pelos adquirentes, com o consequentemente ressarcimento dos valores em relação à parte adversa. A garantia oferecida pelo alienante, em tais circunstâncias, servirá para assegurar o reembolso de eventuais valores dispendidos.

As partes podem estabelecer que determinados valores sejam retidos para assegurar o reembolso de eventuais passivos. O "*Escrow*" ou Conta de Custódia é hipótese comum e largamente utilizada em tais circunstâncias.

3.7. Cláusulas especiais nos contratos de aquisição

Com a intenção de proteger as companhias da tomada hostil de controle societário, alguns mecanismos defensivos foram criados no mercado de capitais ao longo das décadas.

Conhecidos como *shark repellents* (espanta tubarões no vernáculo), tais mecanismos fazem alusão aos investidores mais agressivos (*corporate raiders*) como predadores do mercado.

Dentre os mecanismos utilizados no âmbito corporativo como estratégia de defesa anti-takeover (tomada de controle), merecem atenção: a) Mudanças na estrutura de capital e alterações estatutárias; b) *Poison pills*; c) *Standstill agreements*; d) *White knights* e *white squires*; e) *Greenmail*; f) *Litigation*; g) *Golden parachutes*.

Convém destacar a densidade da *poison pill*, criada em 1982 pelo advogado corporativo norte-americano Martin Lipton no sentido de inviabilizar a operação ao adquirente ante a demasiada onerosidade da operação.

Segundo os ensinamentos de Paulo Fernando Campos Salles de Toledo (In: *Direito Societário* – Desafios atuais. São Paulo, 2009, p. 160.), seriam duas as modalidades básicas de *poison pills*: as *flip-in* e *flip-over*. Nas primeiras, teriam os acionistas (exceto o adquirente) o direito de subscrever ações emitidas pela companhia-alvo a um preço substancialmente inferior ao de mercado. As segundas atribuem aos acionistas da companhia-alvo o direito de adquirir ações da adquirente (ou seja, da companhia resultante da fusão, ou da incorporadora) igualmente por um preço muito menor.

Não se pode olvidar que quaisquer das hipóteses poderiam ocasionar colapso patrimonial ao adquirente, suprindo deste modo o objetivo primário das poison pills: inibir a compra de ações que, de certo modo, possam comprometer a confortável posição dos acionistas controladores, e manter certa liquidez das ações no mercado.

Infere-se que a terminologia poison pills (pílula de veneno) deriva, segundo Len Costa[5], da espionagem, pois elucidam a consolidação da operação societária em analogia à ingestão das cápsulas de cianureto que os espiões eram instruídos a ingerir na iminência de captura pelo inimigo.

Por derradeiro, em estreita similitude no campo do Direito Societário, as poison pills são igualmente letais.

5 (The Perfect Pill. In http://www.legalaffairs.org/issues/March-April-2005/toa_costa_marapr05.msp. Acesso em 15/03/2015)

3.8. Acordo de sócios/acionistas

Trata-se de instrumento jurídico muito importante na regulação das relações entre sócios/acionistas.

Apesar de o mecanismo ter sido criado e consagrado perante as sociedades anônimas, a doutrina majoritária entende ser possível a realização de tais modalidades de composição perante os demais arranjos societários.

A Lei das Sociedades Anônimas tratou de conferir previsão expressa para o acordo de acionistas, estabelecendo circunstâncias para a eficácia entre as partes e para terceiros.

Nesse sentido o comando legal:

> Art. 118. Os acordos de acionistas, sobre a compra e venda de suas ações, preferência para adquiri-las, exercício do direito a voto, ou do poder de controle deverão ser observados pela companhia quando arquivados na sua sede.
> § 1º As obrigações ou ônus decorrentes desses acordos somente serão oponíveis a terceiros, depois de averbados nos livros de registro e nos certificados das ações, se emitidos.
> § 2° Esses acordos não poderão ser invocados para eximir o acionista de responsabilidade no exercício do direito de voto (artigo 115) ou do poder de controle (artigos 116 e 117).
> § 3º Nas condições previstas no acordo, os acionistas podem promover a execução específica das obrigações assumidas.
> § 4º As ações averbadas nos termos deste artigo não poderão ser negociadas em bolsa ou no mercado de balcão.
> § 5º No relatório anual, os órgãos da administração da companhia aberta informarão à assembléia-geral as disposições sobre política de reinvestimento de lucros e distribuição de dividendos, constantes de acordos de acionistas arquivados na companhia.
> § 6º O acordo de acionistas cujo prazo for fixado em função de termo ou condição resolutiva somente pode ser denunciado segundo suas estipulações. (Incluído pela Lei nº 10.303, de 2001)
> § 7º O mandato outorgado nos termos de acordo de acionistas para proferir, em assembléia-geral ou especial, voto contra ou a favor de determinada deliberação, poderá prever prazo superior ao constante do § 1o do art. 126 desta Lei. (Incluído pela Lei nº 10.303, de 2001)
> § 8º O presidente da assembléia ou do órgão colegiado de deliberação da companhia não computará o voto proferido com infração de acordo de acionistas devidamente arquivado. (Incluído pela Lei nº 10.303, de 2001)

> § 9º O não comparecimento à assembléia ou às reuniões dos órgãos de administração da companhia, bem como as abstenções de voto de qualquer parte de acordo de acionistas ou de membros do conselho de administração eleitos nos termos de acordo de acionistas, assegura à parte prejudicada o direito de votar com as ações pertencentes ao acionista ausente ou omisso e, no caso de membro do conselho de administração, pelo conselheiro eleito com os votos da parte prejudicada. (Incluído pela Lei nº 10.303, de 2001)
> § 10. Os acionistas vinculados a acordo de acionistas deverão indicar, no ato de arquivamento, representante para comunicar-se com a companhia, para prestar ou receber informações, quando solicitadas. (Incluído pela Lei nº 10.303, de 2001)
> § 11. A companhia poderá solicitar aos membros do acordo esclarecimento sobre suas cláusulas.

Trata-se de mecanismo cuja natureza é essencialmente contratual e privada, retirando seus fundamentos do direito civil.

Por respeito ao princípio da autonomia privada é conferido às partes deliberarem acerca de todas as controvérsias de interesse, respeitando-se os limites da lei – agente capaz, objeto lícito, possível, determinado ou determinável, e forma prescrita ou não defesa em lei.

A doutrina estabelece uma classificação relevante no que se refere aos acordos de acionistas, dividindo-os em acordos típicos e acordos atípicos:

> Tal como o acordo de acionistas típico o atípico tem natureza contratual, na medida em que compreende um concerto de duas ou mais vontades autônomas. Corresponde a ato jurídico de caráter parassocial, em razão de seu escopo de tutelar direitos regulados em instrumento independente do estatuto social. Visa também à aquisição, resguardo, transferência, modificação ou extinção de direitos. Trata-se, pois, de negócio jurídico, e, como tal, requer igualmente agente capaz, objeto lícito, possível, determinado ou determinável e forma prescrita ou não defesa em lei. Contudo, o acordo de acionistas atípico não tem seus requisitos intrínsecos específicos devidamente disciplinados pela lei, disso decorrendo a sua denominação atípico ou inominado.[6]

6 Abraão, Eduardo Lysias Maia. Acordos de acionistas: típicos e atípicos/Curitiba: Juruá, 2011, p. 31

Em resumo, os acordos típicos decorrem de expressa e literal disposição em lei, tal como aquele delineado pelo artigo 118 da Lei das S.A(s). Já os contratos inominados são aqueles que, apesar não de possuírem regramento estabelecido na norma jurídica, não podem dela se desviar.

Tratam-se de instrumentos preponderantemente escritos, por se prestarem à aquisição, resguardo, transferência, modificação ou extinção de direitos. O registro e a publicidade dos instrumentos é necessário para produzir efeitos perante terceiros, sendo possível, do mesmo modo, que os contratos sejam privados e sigilos.

Em se tratando de negócio jurídico derivado, decorrente da existência do estatuto/contrato social, com esses não pode colidir. Todavia, e salvo disposição em contrário, inexiste vedação para a existência de acordos de acionistas em bloco, ou seja, que os acordos não contemplem a totalidade dos sócios/acionistas.

3.9. Acordo de inação

Outro instrumento jurídico muito utilizado na celebração de operações societárias, especialmente naquelas que envolva modificações no controle decisório são os acordos inação.

Em resumo, tratam-se de acordos de vontade, voluntários e bilaterais, por meio dos quais as partes se comprometem com obrigações de não fazer, ou obrigações negativas, a não realizarem determinadas condutas durante o período de inação – ou "não ação" – estabelecido no pacto.

As condições do instrumento são amplas e variadas, a depender das características de cada negócio.

Vale citar, como exemplo, a inação em relação ao lançamento de determinados produtos, a abertura de determinadas tecnologias, ou, até mesmo, a cobrança de eventual crédito respectivo e a apresentação de pedido falimentar.

O Código de Processo Civil estabelece que:

Art. 822. Se o executado praticou ato a cuja abstenção estava obrigado por lei ou por contrato, o exequente requererá ao juiz que assine prazo ao executado para desfazê-lo.

Art. 823. Havendo recusa ou mora do executado, o exequente requererá ao juiz que mande desfazer o ato à custa daquele, que responderá por perdas e danos.

Parágrafo único. Não sendo possível desfazer-se o ato, a obrigação resolve-se em perdas e danos, caso em que, após a liquidação, se observará o procedimento de execução por quantia certa.

Durante o período de pausa a parte se compromete a não agir em prol de se alcançar o objetivo principal, ou seja, alcançar o sucesso na operação societária proposta.

Muitas vezes previsto como cláusula inserida em memorandos de entendimento, ou em pré-contratos que tenham o mesmo objetivo, o compromisso de inação se torna exequível na medida em que as partes tenham assim estabelecido, de modo que as consequências previstas para o descumprimento devem ser bem projetadas e inseridas nos contratos para que se confira a devida eficácia.

3.10. A lei anticorrupção e seus reflexos nas operações societárias

No apogeu dos escândalos políticos que assolam a política brasileira, restou aprovada e publicada a Lei n. 12.846/2013, que dispõe acerca da responsabilização administrativa e civil de pessoas jurídicas pela prática de atos contra a administração pública, nacional ou estrangeira.

Trata-se de norma jurídica relativamente recente, e que não se confronta com as disposições já preceituadas na lei nº 8.429/92, que dispõe acerca dos atos improbidade administrativa; e na lei n. 8.666/93, que estabelece regras e consequências sobre os procedimentos de licitações e contratos da administração pública.

O principal efeito da norma consiste em permitir a responsabilização da própria sociedade empresária, ou seja, que empresa responda diretamente com seu patrimônio na hipótese de prejuízos causados à administração pública.

As consequências previstas na norma partem da aplicação de multas, até o perdimento dos bens, direitos ou valores, a suspensão ou interdição parcial de suas atividades, a proibição de receber incentivos, subsídios e subvenções, podendo resultar até mesmo na dissolução compulsória da sociedade empresária.

A responsabilização subsistirá, inclusive, na hipótese de alteração contratual, transformação, incorporação, fusão ou cisão societária, ainda que o ato não tenha sido praticado pela sociedade adquirente dos direitos societários.

Com efeito, a mens legis consistiu em compelir as empresas, notadamente aquelas de maior porte, a criar mecanismos e procedimentos de fiscalização auto-fiscalização, verdadeiras regras de compliance com o propósito de evitar a prática de condutas abusivas.

Diante da responsabilidade objetiva disposta no texto da lei, ou seja, da responsabilização da empresa independentemente de culpa, as empresas iniciaram o processo de busca por escritórios de advocacia e de consultoria para elaboração de códigos de conduta, regras de compliance e procedimentos para refrear riscos e fraudes.

É inevitável concluir que a adoção de mecanismos de prevenção à fraudes é essencial para o sucesso e a perenidade das sociedade empresárias.

3.11. Aquisição de UPI´s de recuperações judiciais e falências

A aquisição de unidades produtivas isoladas têm se mostrado cada vez mais recorrentes na estrutura de operações societárias. Em primeiro lugar por se tratarem de mecanismos isentos de responsabilidade nos termos da Lei nº 12.846/2013.

Ademais, o estímulo à intervenção nos bens das sociedades falidas ou em recuperação judicial, contribuem para a realização de negócios sólidos e financeiramente viável para todos os players.

Analisado o aspecto prático, as aquisições de UPI's inseridas no contexto de falência ou recuperação judicial, tem sido utilizadas como forma de "blindar" as operações societárias que envolvem parcela de patrimônio de sociedades envolvidas com problemas relacionados à Lei nº 12.846/2013.

Considerando que a operação tradicional de transferência não elidiria eventual risco da operação ao adquirente, tem-se buscado cada vez mais a estruturação de tais operações no bojo dos processos submetidos à lei 11.105/05.

Tem-se visto, inclusive, normalmente por imposição do comprador, a formulação de pedidos de recuperação judicial que possuem como objetivo único ou principal justamente a venda de determinada unidade produtiva isolada (UPI), pretendendo, com isso, conferir maior segurança ao adquirente.

Uma vez constatadas tais hipóteses será possível a descaracterização da operação diante da configuração do instituto da simulação, com a responsabilização do vendedor e do adquirente, sem prejuízo das responsabilidades definidas pela lei de recuperação e falências.

Portanto, uma vez que a negociação de determinada UPI se passe verdadeiramente no âmbito da LRF, haverá uma segurança quase inderrogável ao adquirente.

3.12. Proteção Patrimonial

Vivemos em um mundo em que a privacidade é alvo de constantes ataques, vista como algo inconveniente e de conotação negativa. O direito à privacidade, à inviolabilidade da vida privada, existem apenas no plano abstrato – trata-se de um anseio subjetivo e inarredável do ser humano, uma verdadeira necessidade psicológica, um engodo para uma realidade fática totalmente contrária.

A investida institucional contra a vida e a liberdade da pessoa humana é resultado de uma corrente anti-capitalista e contrária à liberdade pessoal que tomou conta das instituições políticas no último século, fortalecendo Estado e e regime em detrimento do ser humano.

Não existe propriamente um motivo nobre ou interesse pessoal de determinado indivíduo ou grupo de indivíduos a personificar a pressão mundial pela violação da vida privada e pelo controle integral de condutas pessoais de cada ser humano que respira no planeta.

A violação à individualidade humana é obra de um sistema que funciona sozinho e é alimentado automaticamente, e que, em última análise, não possui uma racionalidade que lhe dê, objetivamente, uma justificativa.

O poder institucional dos Estados é exercido, em assombrosa generalidade, de forma automatizada e segundo uma orientação que abomina, sem uma razão específica, o lucro e a liberdade de iniciativa, caros valores que foram os grandes responsáveis pelo desenvolvimento da indústria, da tecnologia, e de tudo o que existe de bom, útil e agradável na vida moderna.

O grande corolário político do senso comum, no sentido de que são as grandes corporações as responsáveis e dominadoras do sentido da política mundial, nunca esteve tão desatualizado. É o empresário o verdadeiro prejudicado pela orientação política adotada pela majoritária parcela dos Estados no mundo atual.

A grande pedra no sapato do sistema hodierno continua sendo a existência de paraísos fiscais, regimes onde existe sigilo bancário e fiscal, e que estão sob ataque constante e forte pressão internacional de um sem-número de Comissões internacionais que reúnem Estados ávidos de acabar com a liberdade da iniciativa privada, subjugando-a ao baluarte estatal tributário e de comportamento, e reduzindo-a a uma classe de operários do Estado.

A verdade é que, sob o embuste da redistribiução de renda, o resultado será a redução de todos à pobreza. Sem a preservação da individualidade de cada ser humano não existe o incentivo ao desenvolvimento e à superação individual, o combustível para a geração da riqueza. E sem riqueza, não há o que se redistribuir.

Os arcabouços jurídicos criados pelos Estados não trazem mais a segurança jurídica que justificou sua criação – a liberdade negativa, princípio máximo do liberalismo econômico e político, foi excepcionada ao ponto de virar verdadeira exceção nos sistemas jurídicos hodiernos.

No Brasil, a título de exemplificação, a Fazenda Pública veio a adquirir, à medida em que o sistema jurídico foi evoluindo nas últimas décadas, tantas prerrogativas processuais que é marcadamente hipersuficiente, em relação ao contribuinte, em todas as etapas de um processo administrativo e judicial.

Existe certa dificuldade em fazer valer garantias fundamentais contra o Estado atualmente, eis que, muitas vezes, o próprio funcionário da Fazenda, o próprio conselheiro de Tribunal Tributário, e até mesmo o Poder Judiciário, acabam exercendo sua atribuição como se possuíssem interesse direto e pessoal na vitória estatal, decorrência da arraizada "cultura" anti-capitalista e pró-Estado que nos é ensinada.

O empresário que construiu patrimônio durante uma vida inteira de trabalho e esforço diário não está – embora o texto da Lei possa fazer parecer o contrário – realmente protegido de potenciais arbitrariedades que lhe possam ser impostas, em total desrespeito, até mesmo, à literalidade da legislação vigente no país.

Governos coletam, administram e trocam entre si inimaginável quantidade de informações acerca de seus residentes, viabilizando controle de condutas, rotinas, e de rendas. O cruzamento da informação dá ao Estado um diagnóstico preciso dos procedimentos de cada pessoa que vive no país. E, enquanto possui o Fisco particular interesse na identificação de fatos que viabilizem a arrecadação, a disponibilização de todo esse grandioso acervo de informações a uma série de instituições traz risco de contingências acarretadas por aproveitadores de todo tipo.

Por essa razão, é importante um planejamento preventivo da alocação dos bens adquiridos pelo empresário através do seu trabalho, com o objetivo de evitar incursões indevidas e arbitrárias no patrimônio pessoal – seja por iniciativa do Estado, seja por iniciativa de outros indivíduos.

Além desse benefício principal de proteção do patrimônio, o planejamento preventivo pode trazer outras vantagens – que, indiretamente, também reforçam a proteção patrimonial –, como por exemplo a otimização tributária da empresa e do patrimônio do empresário, sua otimização financeira, assim como o planejamento da sucessão.

A estruturação de operações de proteção patrimonial é realizada através de institutos jurídicos disponibilizado pelo próprio ordenamento jurídico, e não possui objetivo de fraudar credores ou o Fisco, sob pena de responsabilização cível e criminal tanto do empresário quanto do profissional que desenvolve esse tipo de operação.

Pelo contrário, tem por objetivo dispor de forma otimizada os bens de pessoas e empresas que possuem patrimônio expressivo, assim como evitar que venha a ser atingido por investidas arbitrárias e indevidas realizadas pelo Estado ou até mesmo por outros indivíduos em razão das informações oriundas do Estado ou da utilização fraudulenta de prerrogativas legais.

A holding company pode ser um instrumento de grande valia na criação de estruturas societárias que tragam maior segurança ao patrimônio familiar, tanto no que diz respeito aos riscos e contingências da vida empresarial, quanto relativamente aos da relação com terceiros na vida privada.

Assim, esta obra apresenta os vetores e orientações básicos para o que pode vir a ser uma teoria da proteção e do planejamento jurídico do patrimônio através da utilização de holding companies.

capítulo 4

LITÍGIOS

4.1. Procedimentos judiciais

É da natureza do Estado de Direito que o poder de decidir conflitos entre os indivíduos seja outorgado ao Estado, através da função judiciária, substituindo o exercício das próprias razões como forma de se defender de eventual violação a direito constante de lei ou contrato.

Dessa forma, excetuando-se as hipóteses da própria lei (por exemplo, no caso da manutenção de posse, em que o indivíduo pode usar da própria força para defende-la), no caso de violação de um direito ou conflito de interesses, as pessoas devem se socorrer, via de regra, do Poder Judiciário, que coloca à disposição uma série de instrumentos ou ferramentas para a solução dos *litígios*.

4.1.1. Dissolução e liquidação judicial de sociedade

O item 15 do Capítulo 1 teve como objeto a análise dos institutos jurídicos da liquidação, dissolução e extinção da pessoa jurídica. Neste item, por sua vez, explicar-se-á o procedimento de liquidação judicial e dissolução judicial da pessoa jurídica, que ocorre quando não existe consenso a respeito da prestação de contas ou da forma de liquidação (parcial ou total) do patrimônio da sociedade.

Nesse sentido, viu-se que a liquidação de uma sociedade ocorre quando extingue-se o capital social e o saldo de patrimônio é devolvido para o sócio. A liquidação, nesse sentido, pode ser parcial, quando apenas parte das quotas sofrem liquidação, ocorrendo redução do capital social; ou total, quando todas as quotas da sociedade são liquidadas, culminando na extinção da pessoa jurídica.

A dissolução total da pessoa jurídica possui uma hipótese específica hoje na legislação, prevista no art. 599, § 2°, do Código de Processo Civil (norma que reproduz o art. 206, II, "b", da Lei Federal n° 6.404/1976), e que estabelece que a ação de dissolução da sociedade pode ser proposta por acionistas de sociedade anônima de capital fechado que representem pelo menos 5% (cinco por cento) do capital social, quando demonstrem que a sociedade não pode preencher o seu fim.

Embora o dispositivo aluda à ação de dissolução parcial de sociedade, entende-se que se trata na verdade da ação de dissolução total, já que, no caso da dissolução parcial, o direito de retirada é faculdade do sócio – entendimento que encontra-se consolidado na jurisprudência do STJ.

Com efeito, a liquidação judicial total de sociedade era um procedimento específico previsto no Código de Processo Civil de 1973, mas que, com a edição do novo Código (Lei Federal n° 13.105/2015), passou a seguir as regras do procedimento ordinário.

A lógica da conversão do procedimento em ordinário decorre do argumento de que a demanda possui na verdade um caráter indenizatório e deve ser manejada pelo sócio prejudicado. Contudo, essa lógica ignora o fato de que, no caso de dissolução total, a única discussão de mérito é em relação à possibilidade de cumprimento do fim social: quase toda a discussão gira em torno da liquidação. Nesse sentido, submeter a demanda ao rito ordinário coloca em risco a própria finalidade do processo – a liquidação.

A ação de dissolução total da sociedade pode ser proposta por qualquer um dos sócios em face dos demais e da sociedade, apurando-se os haveres de cada um, no caso de julgamento procedente, a partir de liquidação.

Com efeito, aparentemente o novo Código de Processo Civil, ao dispor indevidamente de regras de direito material, pretende estabelecer uma etapa prévia à liquidação da sociedade – a fase de conhecimento.

Durante a vigência do Código de Processo Civil de 1939, o procedimento era específico e previa a nomeação de liquidante já no início do processo para a realização dos atos de liquidação – cujas especificidades ainda encontram-se previstas no Código Civil de 2002.

Agora, apenas após confirmada a dissolução da sociedade, o juiz nomeará profissional para exercer a função de liquidante, com a atribuição de levantar, dentro de prazo determinado, o balanço patrimonial da companhia. Incumbe ao liquidante, da mesma forma, pagar o passivo e realizar o ativo da companhia, apurando os haveres de cada um e partilhando o valor entre os acionistas (art. 1.103 do Código Civil; e art. 210 da Lei Federal n° 6.404/1976).

Para tanto, o liquidante possui todos os poderes e as responsabilidades de um administrador, podendo inclusive vender bens, transigir, receber e dar quitação. Somente poderá contrair dívida, contudo, quando absolutamente necessária para a preservação da sociedade (art. 1.105 do Código Civil; e art. 211 da Lei Federal n° 6.404/1976).

As contas do liquidante deverão ser aprovadas em assembleia geral (art. 1.108 do Código Civil; e art. 216 da Lei Federal n° 6.404/1976), sendo eventuais créditos não liquidados exigíveis dos acionistas até o limite da soma por eles recebida – em decorrência da cláusula de responsabilidade limitada (art. 218 da Lei Federal n° 6.404/1976).

Embora a regra antiga tratasse adequadamente da matéria, não é essa a exegese do novo Código de Processo Civil, que entregou ao rito comum ordinário a discussão em torno da dissolução total da sociedade.

Nesse sentido, a estratégia mais adequada para as sociedades aqui é especificar desde já, nos contratos e estatutos sociais, regras de procedimento, com vistas a prevenir, no caso de eventuais litígios, o perecimento de ativos decorrente da demora na prestação jurisdicional.

4.1.2. Dissolução parcial de sociedade e apuração de haveres

Por outro lado, diferentemente da ação de dissolução total de sociedade, a dissolução parcial da sociedade continua sendo um procedimento especial, previsto nos artigos 599 a 609 do novo Código de Processo Civil, que prevê também a liquidação das quotas como instrumento para apuração dos haveres do sócio retirante.

A ação de dissolução parcial de sociedade pode ter como objeto tanto a resolução da sociedade em relação ao sócio falecido, excluído ou retirante; quanto a apuração dos haveres desse sócio; podendo contudo ter como objeto apenas um desses pedidos (art. 599 do Código de Processo Civil).

Com efeito, nos casos e que a dissolução parcial se dá por acordo entre as partes, a ação terá por objeto apenas a apuração de haveres; quando a própria saída do sócio exija decisão judicial, a ação terá por objeto a dissolução parcial e a apuração de haveres.

Pode propor a ação de dissolução parcial de sociedade qualquer um dos sócios, ou ainda o espólio ou os sucessores, quando já concluída a partilha do falecido (art. 600 do Código de Processo Civil).

A apuração dos haveres, um dos objetos de uma ação de dissolução parcial, é o procedimento através do qual se quantifica o valor das quotas do sócio retirante.

No que diz respeito a esse procedimento, o novo Código de Processo Civil estabelece como parâmetros: que o juiz fixe a data base da resolução da sociedade; o critério da apuração dos haveres; e nomeie um perito judicial, via de regra um contador e/ou um avaliador (art. 604 do Código de Processo Civil) especialista em avaliação de sociedades, conforme a regra do novo Código de Processo.

Na ação de dissolução parcial de sociedade, não há liquidante, e o perito atua como um avaliador que apura o valor a ser pago ao sócio retirante, seja pela sociedade (no caso de diminuição do capital social), seja pelos outros sócios (na hipótese de manutenção do capital social - art. 1.031, § 1°, do Código Civil).

Em todos os casos envolvendo a liquidação de capital social, apuração de haveres e pagamento dos haveres do sócio retirante, o procedimento a ser adotado está vinculado, inclusive quando determinado por juiz, às disposições do contrato social ou estatuto social. Conforme estabelece o art. 609 do Código de Processo Civil, que, se o contrato social estabelecer a forma de pagamento dos haveres, será observado o que nele se dispôs.

A regra geral, por sua vez, é estabelecida no art. 1.031 do Código Civil, que fixa como regra para realização da quota a liquidação pela situação patrimonial da sociedade na data da resolução, verificada em balanço especialmente levantado pelo perito judicial. O valor será pago em dinheiro, em 90 dias, a partir da liquidação, salvo disposição específica do contrato social (art. 1.031, § 2°, do Código Civil) - aqui exsurge a importância em prever disposições específicas no contrato social ou acordo de sócios, como forma de prevenir situações em que a retirada de um sócio possa implicar em prejuízo irreversível ao caixa da sociedade.

Com efeito, a data-base da resolução da sociedade - a data-base da apuração do balanço patrimonial - é fixada pelo juiz de acordo com a disposição do art. 605 do Código de Processo Civil: no caso de falecimento do sócio, a do óbito; na retirada imotivada, o 60° dia seguinte ao recebimento da notificação; no recesso, o dia do recebimento da notificação; na exclusão extrajudicial, a data da assembleia; entre outras hipóteses menos usuais.

4.1.3. Métodos para avaliação de empresas

A avaliação de empresas é um processo complexo que envolve métodos quantitativos, mas cujas premissas se sujeitam a análises subjetivas. A quantidade de informações, e a qualidade dos dados fornecidos para análise, são elementos essenciais para a fidelidade da avaliação patrimonial.

Nesse sentido, a avaliação de empresas levada a cabo em processo judicial, para fins de apuração de haveres, não tem como objetivo a fixação de preço ou valor do capital social, mas sim estabelecer um valor referencial, uma estimativa de valor justo, que retrate com credibilidade o seu patrimônio, características e diferenciais.

Nesse cenário, cumpre estabelecer que um ativo pode ser definido como tal a partir dos fundamentos econômicos que o credenciem a proporcionar resultados econômicos. O valor de compra de um determinado bem, portanto, não é o fator primordial para a avaliação patrimonial; o é a sua capacidade de gerar resultado.

Com efeito, a apresentação do balanço patrimonial especial é, pela legislação brasileira (art. 1.031 do Código Civil), obrigatória na apuração de haveres processada judicialmente. Esse balanço é o documento através do qual o perito judicial estabelece, de acordo com a metodologia utilizada, o valor de mercado da empresa na data-base (data da resolução), servindo como base para o cálculo dos haveres que cabem ao sócio retirante.

A elaboração do balanço especial parte do levantamento da situação patrimonial contábil da empresa, fazendo-se os ajustes necessários para que os dados reflitam a realidade da empresa.

Nessa fase, o perito levanta e avalia o ativo e o passivo da empresa, inclusive oculto (ativos intangíveis; riscos trabalhistas, fiscais, etc), não constantes do balanço anual; para que o valor apurado reflita de forma fidedigna a situação verdadeira do conjunto. São elementos relevantes para o balanço patrimonial, inclusive, as demandas judiciais da sociedade.

Também são objeto de avaliação as disponibilidades, os créditos, provisões correntes e obrigações da empresa – os chamados itens monetários; bem como os itens não monetários: estoques, investimentos, fundo de comércio e ativos intangíveis, ativo imobilizado, ativo diferido, contingências e despesas antecipadas.

Existem vários métodos diferentes para avaliação de empresas, cada um atendendo a objetivos específicos, mas todos com a finalidade de quantificar o patrimônio e estabelecer as bases para uma avaliação fidedigna da empresa.

Os dois métodos mais utilizados para avaliação de empresas são o método contábil e o método de fluxo de caixa descontado.

O método de avaliação contábil é aquele que se propõe a quantificar o valor da empresa a partir da documentação contábil da sociedade.

Esse método ignora o valor de mercado da empresa, trabalhando com a situação estática da contabilidade da empresa e o conceito de valor do dinheiro no tempo.

A falta ou precariedade da escrituração contábil e fiscal da empresa prejudica ou até mesmo torna inútil o método de avaliação contábil, já que, se a contabilidade não reflete a realidade da empresa, é impossível utilizá-la como base para a avaliação.

O método de avaliação por fluxo de caixa descontado, por sua vez, tem como premissa básica a avaliação a partir da projeção do fluxo de caixa operacional futuro, trazendo-o a valor presente por uma taxa de desconto calculada com base no risco e custo de oportunidade.

Esse é o método de avaliação de empresas mais utilizado no mundo todo, justamente porque precifica a empresa de acordo com sua capacidade de geração de riqueza.

4.1.4. Prestação de contas

A antiga ação de prestação de contas, prevista como procedimento especial no antigo Código de Processo Civil de 1973, foi reconfigurada pelo Código de Processo Civil de 2015: se antes era ação de prestação de contas, que cabia tanto a quem tinha o direito de exigi-las (exigir contas) como a quem tinha a obrigação de prestá-las (dar contas), virou somente ação de exigir contas, e hoje cabe apenas a quem tenha o direito de exigi-las. A ação de dar contas ainda pode ser manejada, mas não na forma de procedimento especial, e sim de acordo com o rito ordinário.

Com efeito, a ação de prestação de contas existe para tutelar os casos em que quem tenha a obrigação de prestar contas se recuse a fazê-lo, sonegue alguma informação ou documento, ou ainda, quando exista divergência em relação ao resultado que foi apresentado.

O procedimento específico da ação de exigir contas está previsto no art. 550 e seguintes do novo Código de Processo Civil. O art. 552 desse digesto estabelece que a sentença que apurar saldo em favor do autor é título executivo judicial e, portanto, passível de execução de sentença.

4.1.5. Procedimentos cautelares

O novo Código de Processo Civil eliminou do mundo jurídico todos os procedimentos cautelares específicos, estabelecendo uma forma e um procedimento cautelar geral para todos os pedidos de urgência ou acautelatórios.

Trata-se do pedido de tutela cautelar requerida em caráter antecedente, e previsto no art. 305 e seguintes do novo Código de Processo. Nesse sentido, os procedimentos cautelares específicos, tais como o sequestro, o arresto, a busca e apreensão, deixaram de existir como ações específicas.

Isso não quer dizer que tais pedidos não possam mais ser formulados – mas tão somente que passaram a ser modalidades de pedidos passíveis de requerimento dentro de um tipo de procedimento cautelar geral. Agora, o procedimento cautelar é um só, e dentro dele pode ser solicitado qualquer tipo de tutela de natureza cautelar.

Nesse sentido, o tutela cautelar é agora solicitada nos próprios autos da ação principal, em caráter prévio, conforme estabelece o artigo 305 do novo Código de Processo Civil.

O pedido de tutela cautelar independe do pedido principal, embora possam ser requeridos em conjunto desde o princípio (art. 308, § 1°, do novo CPC). Vale dizer, após análise da tutela cautelar, o autor poderá emendar a inicial e formular o pedido principal no prazo de 30 (trinta) dias, tudo nos mesmos autos (art. 308 do novo CPC).

O deferimento da tutela cautelar, antes ou depois da oitiva da parte contrária, depende, assim como estabelecia a regra do antigo Código, da presença dos requisitos legais conhecidos como *fumus boni juris* e *periculum in mora* – objetivamente apreciados pelo magistrado (art. 305 do novo CPC).

Por *fumus boni juris*, em primeiro lugar, diz-se que é a prova inequívoca da verossimilhança das alegações da parte que solicita a tutela cautelar – assim entendida a existência de prova documental que ateste, de maneira inconteste ou, pelo menos, com razoável margem de segurança, a veracidade dos fatos alegados, demonstrando com precisão e rigor que a pretensão da parte procede.

Por *periculum in mora*, por sua vez, entende-se o risco de que a demora da prestação jurisdicional possa gerar prejuízo irreparável ou, pior, o perecimento do próprio direito pleiteado.

Dessa forma, a tutela cautelar pode ser concedida antes da citação da parte contrária, ou após a sua citação, o que depende das circunstâncias de cada caso concreto.

Com efeito, o procedimento cautelar é de suma importância para a efetividade das decisões judiciais em matéria de Direito Societário, em especial no que diz respeito à prestação de contas, apuração de haveres e liquidação de sociedades.

Isso porque, é fato notório, que muitas empresas mantém práticas contábeis irregulares de gestão de caixa, prejudicando a prestação de contas em relação a sócios que não estão à frente do negócio.

Nesse cenário, apenas uma tutela cautelar que tenha como objeto o arrolamento de bens e documentos existentes na sede da empresa é capaz de garantir a efetividade da instrução processual em ação de prestação de contas – já que, uma vez noticiada a existência da ação, é plausível a possibilidade de destruição dos controles paralelos.

O arrolamento de bens também é importante na hipótese de apuração de haveres, quando há risco de dilapidação do patrimônio da empresa – muitas vezes não registrado nos controles contábeis, quando se trata de bens não passíveis de registro público (máquinas, equipamentos eletrônicos, e qualquer outro tipo de acervo físico).

Outra medida relevante para o Direito Societário é a possibilidade de intervenção judicial na empresa, através de administrador judicial nomeado para administrar o negócio, nos casos em que há controvérsia que coloque em risco a própria existência do negócio. Embora esses casos sejam raros – por conta da gravidade da situação exigida para o deferimento desse tipo de tutela cautelar –, trata-se de uma das medidas à disposição das partes.

A medida cautelar de sequestro é também uma das medidas utilizadas nas demandas societárias, podendo ser requerida quando exista evidência de que aquele que detém a posse ou a administração do negócio ou dos bens da empresa, sub judice, os está dilapidando ou colocando o patrimônio em risco.

4.1.6. Recuperação judicial

A recuperação judicial é o instituto jurídico que deriva da antiga "concordata", e encontra-se regulamentado no ordenamento brasileiro pela Lei Federal nº 11.101/2005.

Esse instituto tem como objetivo instrumentalizar a recuperação ou revigoramento da empresa que esteja passando por crise econômico-financeira, com vistas à manutenção da fonte produtora, do emprego, dos recolhimentos de tributos, e dos interesses dos credores.

Nesse sentido, a legislação ordinária estabelece diversos mecanismos, de forma geral, que podem ser utilizados para viabilizar a recuperação judicial de empresas: venda de ativos; plano de vendas e faturamento; renegociação de dívidas; e outros.

Os meios para a recuperação judicial, previstos na própria lei, são os mais variados: operações societárias para otimização das operações da empresa; aporte de capital; venda ou arrendamento de estabelecimento; redução salarial mediante acordo coletivo; alteração do controle societário; intervenção judicial; etc.

Contudo, a recuperação judicial tem como gatilho principal a obtenção de prazos e condições para renegociação das dívidas vencidas e vincendas com os credores. É a própria assembleia de credores que decide, no final, pela aprovação ou reprovação da proposta.

Para tanto, a empresa que pede recuperação judicial deve demonstrar, primeiro, a imprescindibilidade do pedido de recuperação, e, em segundo lugar, que possui condições de executar um plano de recuperação que seja de fato viável para o restabelecimento das condições de saúde financeira.

Nesse sentido, o plano de recuperação tem que ser apto a produzir na prática os efeitos pretendidos – sanear a vida financeira da empresa –, e não apenas "rolar as dívidas". E isso quem julga e decide é a assembleia de credores.

É por isso que, uma vez rejeitado o plano de recuperação judicial, a consequência natural é a decretação da falência da empresa, já que, evidentemente, isso implica no reconhecimento de que ela não possui mais condições de se restabelecer.

Nesse sentido, o pedido de recuperação judicial possui somente duas soluções possíveis: a aprovação do plano ou a conversão em falência – razão pela qual sua propositura, embora possa ser útil estrategicamente, deve ser precedida de análise pontual.

Durante o processo de recuperação judicial, a empresa continua, via de regra, em funcionamento e seus administradores mantidos na condução da atividade empresarial, sob fiscalização do Comitê de credores e do administrador judicial.

Inobstante, a recuperação judicial pode trazer alguns tipos de dificuldades do ponto de vista negocial e gerencial, majoritariamente decorrente do clima de desconfiança que se instala no mercado em torno da empresa em recuperação.

Isso decorre de uma situação jurídica sui generis à qual passa a se submeter a empresa em recuperação judicial, imediatamente após a formulação do pedido: todas as dívidas passadas têm sua exigibilidade suspensa pelo prazo de 180 dias (art. 6°, § 4°, da Lei Federal n° 11.101/2005) – a justificativa para o dispositivo legal é justamente impedir que desencaixes decorrentes da execução de dívidas prejudiquem o caixa da empresa em recuperação, à luz do princípio da preservação da empresa.

Toda execução de valores pretéritos – exceto os extraconcursais, fiscais, os garantidos por alienação fiduciária, e outras poucas exceções – passa a se submeter ao juízo da recuperação judicial, que centraliza, a partir de então, uma vez escoado o prazo de 180 dias, os procedimentos para aprovação do plano e a organização dos pagamentos desses débitos.

O expediente gera na prática uma "trava" para os credores da empresa em recuperação judicial, já que o recebimento dos valores agora depende de um procedimento, que muitas vezes leva anos para se encerrar, em processos extremamente volumosos, e de uma ordem de pagamento.

Já as dívidas vincendas, ou seja, as obrigações contraídas a partir do pedido de recuperação judicial, são consideradas extraconcursais (art. 84, V, da Lei Federal n° 11.101/2005), e por essa razão não se submetem ao juízo universal da recuperação judicial.

Contudo, inobstante essa constatação, o entendimento atualmente corrente no Superior Tribunal de Justiça, e pacificado pela Segunda Seção dessa Corte, estabelece que é do juízo da recuperação a competência privativa para o deferimento de atos de penhora e expropriação sobre o patrimônio de empresas em recuperação judicial – fato que prejudica a cobrança também dos créditos extraconcursais, e explica a desconfiança do mercado em relação às empresas em recuperação judicial.

Doutro lado, a recuperação judicial é uma importante ferramenta que pode ser utilizada, justamente à vista desse entendimento, de maneira estratégica, para a recuperação de caixa de uma empresa.

4.1.7. Falência

A falência, no direito brasileiro, também é regulada pela Lei Federal n° 11.101/2005, e consiste na situação jurídica de insolvência da pessoa jurídica, decretada pelo Poder Judiciário.

O processo de falência consiste basicamente em um procedimento judicial que tem como finalidade a apuração do estado de insolvência da sociedade empresária ou a prática de um dos atos de falência; e, em seguida, a apuração dos haveres e a liquidação da sociedade.

De acordo com o Código Civil, o estado de insolvência se dá "toda vez que as dívidas excedam à importância dos bens do devedor" (art. 955 do Código Civil de 2002).

Os atos de falência, por sua vez, estão previstos no art. 94 da Lei Federal n° 11.101/2005: liquidação precipitada de bens; realização de negócios jurídicos simulados com intuito claro de fraudar credores; alienação irregular de estabelecimento; transferência simulada do principal estabelecimento; dá bens em garantia para contrair novas obrigações; ausência; descumpre obrigação assumida no plano de recuperação.

O juízo da falência é universal, conforme apregoa o art. 76 da Lei de Falências; o que vale dizer que, uma vez proposta a falência, o juízo ao qual for distribuído o processo passará a concentrar todas as ações sobre bens, interesses e negócios do falido, exceto as ações trabalhistas, fiscais e as ações em que o falido for autor, quando não reguladas pela Lei de Falências.

O procedimento da falência encontra-se regulado pelos artigos 94 e seguintes da Lei de Falências, e contempla basicamente a verificação da insolvência da empresa.

Uma vez constatada a insolvência, o juiz decretará a falência, o que tem como efeito o vencimento antecipado das dívidas do falido e dos sócios, quando solidariamente responsáveis; a formação da massa falida; a suspensão das execuções individuais contra a sociedade falida; e a suspensão da fluência dos juros.

Passa-se então à fase de liquidação do patrimônio da empresa e pagamento do passivo, de acordo com a ordem de preferência dos créditos devidamente habilitados, já mencionada no Capítulo 1 (art. 83 da Lei Federal n° 11.101/2005).

Com a decretação da falência, diferentemente do que ocorre com a recuperação judicial, os administradores da empresa perdem o poder de gestão do negócio a partir da decretação da falência (art. 103 da Lei Federal n° 11.101/2005), que passa a ser gerida pelo administrador judicial.

Nesse sentido, o administrador judicial passa a exercer a totalidade dos poderes de gestão da massa falida, a ele incumbindo praticar os atos necessários à realização do ativo e ao pagamento dos credores, na forma da Lei de Falências e conforme estabelecido pela Assembleia de Credores.

Para tanto, o administrador judicial pode tomar todas as medidas e diligências necessárias para proteção da massa falida, com vistas à eficiência da sua administração, sendo seu dever inclusive praticar os atos conservatórios de direitos e ações, diligenciar a cobrança de dívidas, e, quando for de interesse da massa falida, remir bens penhorados ou apenhados (art. 22, III, da Lei Federal n° 11.101/2005).

A verdade é que a realização do ativo da empresa pode ocorrer de qualquer forma; inobstante, a Lei de Falências prevê uma ordem de preferência: alienação da empresa, com a venda de seus estabelecimentos em bloco; venda das filiais ou UPI's (unidades produtivas isoladas); alienação dos bens por bloco; e ainda, alienação dos bens individualmente (art. 140 da Lei Federal n° 11.101/2005).

A extinção das obrigações do falido, por sua vez, ocorre em alguma das seguintes hipóteses:

1. Pagamento de todos os créditos;
2. Após realizado todo o ativo, o pagamento de mais de 50% (cinquenta por cento) dos créditos quirografários;
3. O decurso do prazo de 5 (cinco) anos do encerramento da falência, se o falido não for condenado pela prática de crime previsto na Lei de Falências;
4. Se for condenado, o decurso do prazo de 10 (dez) anos.

Não é rara a condenação do falido por crime previsto na Lei de Falências, em sua maioria relacionados à realização de contabilidade paralela, violação de sigilo empresarial, e ainda, desvio e ocultação de bens.

Nesse caso, além do prazo estendido para extinção das obrigações do falido, a condenação criminal também produz os efeitos previstos no art. 181 da Lei de Falências, pelo prazo de até 5 (cinco) anos após a extinção da punibilidade, de acordo com a sentença: inabilitação para o exercício de atividade empresarial; impedimento para exercício de cargo ou função em conselho de administração, diretoria ou gerência; e impossibilidade de ser administrador de empresa.

4.2. Arbitragem

À parte dos instrumentos judiciais para solução de conflitos, nas últimas décadas tomou força o movimento da arbitragem, que no Brasil é regulado pela Lei Federal n° 9.307/1996.

A arbitragem é um método de solução de litígios através do qual o conflito é julgado por um tribunal privado, e não público, escolhido previamente pelas partes em uma cláusula contratual.

Com efeito, a eleição do procedimento da arbitragem é prévia ao próprio conflito e é de praxe prevista no próprio contrato através de cláusula compromissória – assim entendida a cláusula do contrato que dispõe que as partes submeterão eventuais litígios a juízo arbitral previamente determinado (art. 4° da Lei Federal n° 9.307/1996).

A cláusula compromissória, no ordenamento jurídico brasileiro, somente tem validade quando por escrito (art. 4°, § 1°, da Lei Federal n°

9.307/1996), e quando o contrato for de adesão, deve receber assinatura ou visto específico (§ 2°).

Exemplo de cláusula compromissória:

> As partes estabelecem que toda e qualquer controvérsia originária deste negócio jurídico será resolvida definitivamente por arbitragem, nos termos da Lei Federal n° 9.307/1996, através da <Câmara>, com endereço na Rua <endereço>.

O procedimento a ser adotado para o processo arbitral também pode ser livremente estabelecido entre as partes, sendo, contudo, via de regra, submetido ao regimento interno de cada câmara arbitral (arts. 5° e 21 da Lei Federal n° 9.307/1996).

Nesse sentido, a cláusula compromissória pode ser *vazia*, quando determina a submissão do contrato ao juízo arbitral, sem indicar expressamente um procedimento ou as regras que conduzirão a arbitragem; ou *cheia*, quando estabelece expressamente as regras que conduzirão eventual procedimento arbitral.

No juízo arbitral, também, as partes também podem definir previamente quais as regras de direito material aplicáveis (art. 2° da Lei Federal n° 9.307/1996), havendo portanto ampla maleabilidade em relação aos seus termos e possíveis conclusões do procedimento.

A instalação do processo arbitral se dá através da assinatura do compromisso arbitral, documento que as partes assinam para iniciar o processo e que contém a indicação das partes, dos árbitros, da matéria objeto da arbitragem, o valor dos honorários dos árbitros, das regras procedimentais, entre outros, delimitando o litígio e o procedimento.

Com efeito, a sentença arbitral possui eficácia igual à de sentença judicial, e não está via de regra sujeita a revisão pelo Poder Judiciário, de modo que se trata de decisão definitiva e sujeita a execução.

As medidas cautelares, por sua vez, são requeridas diretamente ao Poder Judiciário, mesmo no caso de existir cláusula compromissória, podendo ser requeridas ao juízo arbitral apenas depois de assinado o compromisso arbitral, documento que abre o processo e instala o litígio (art. 22-B da Lei Federal n° 9.307/1996).

A sentença arbitral possui os requisitos previstos no art. 26 da Lei Federal n° 9.307/1996 – relatório, fundamentação, dispositivo, data e local:

> Art. 26. São requisitos obrigatórios da sentença arbitral:
> I – o relatório, que conterá os nomes das partes e um resumo do litígio;

II - os fundamentos da decisão, onde serão analisadas as questões de fato e de direito, mencionando-se, expressamente, se os árbitros julgaram por equidade;
III - o dispositivo, em que os árbitros resolverão as questões que lhes forem submetidas e estabelecerão o prazo para o cumprimento da decisão, se for o caso; e
IV - a data e o lugar em que foi proferida.

Esses requisitos da sentença arbitral são obrigatórios, podendo ser revista pelo Poder Judiciário no caso de violação a esse dispositivo legal, o que enseja sua nulidade (art. 32 da Lei Federal n° 9.307/1996).

A sentença arbitral também pode ser revista pelo Poder Judiciário em outras hipóteses, vinculadas a erros procedimentais - incompetência; violação aos princípios do contraditório, igualdade das partes, imparcialidade e livre convencimento dos árbitros; fora do prazo; proferida fora dos limites da convenção de arbitragem –, mas não revisada em seu mérito (art. 32 da Lei Federal n° 9.307/1996).

Nesse cenário, a sentença arbitral é título executivo judicial (art. 515, VII, da Lei Federal n° 13.105/2015) e pode ser executada perante o Poder Judiciário na forma prevista para o cumprimento de sentença (art. 516, III, da Lei Federal n° 13.105/2015).

A sentença arbitral estrangeira, da mesma forma, pode ser executada através de cumprimento de sentença como qualquer outra sentença estrangeira, sendo reconhecida no Brasil de acordo com os critérios estabelecidos nos tratados internacionais com cada país.

No âmbito interno, para ser reconhecida e executada no Brasil, a sentença arbitral estrangeira está sujeita a homologação pelo Superior Tribunal de Justiça, seguindo o procedimento previsto nos artigos 960 e seguintes do Código de Processo Civil.

ANEXOS

ANEXO 1 – TERMO DE INTENÇÕES

TERMO DE INTENÇÃO DE NEGÓCIO COM CLÁUSULA DE CONFIDENCIALIDADE

São Paulo/SP, 26 de março de 2018.

Para: SÓCIO 01, qualificação; SÓCIO 2, qualificação;

Objeto: Aquisição da totalidade da participação dos sócios na EMPRESA, qualificação;

O presente instrumento se propõe à apresentação dos termos básicos para a aquisição futura de 100% das quotas dos sócios na EMPRESA; As disposições aqui estabelecidas são de caráter preliminar, e que serão ultimados através da assinatura do "Contrato Definitivo de Aquisição".

Os termos básicos são os seguintes:

[...] Exposição das condições gerais do negócio.

1. Adquirente(Purchaser): Qualificar;

2. Objeto (Target): 100% das quotas da EMPRESA;

3. Vendedores (Sellers): SÓCIO 1; SÓCIO 2;

4. As partes se comprometem a envidar esforços para a obtenção de todas as informações necessárias para a estruturação do negócio e a assinatura do "Contrato Definitivo de Aquisição" no prazo de até 180 (cento e oitenta) dias.

5. As partes fixam o valor referencial do negócio em R$ (reais);
5.1. Caso as diligências posteriores confirmem o resultado apresentado, o valor será respeito;
5.2. Caso as diligências revelem uma variação positiva haverá um incremento de R$ (reais) no preço;
5.3. Caso as diligências revelem uma variação negativa, de até % do resultado apresentado, haverá uma redução de R$ (reais) no preço;
5.4. Caso as diligências revelem uma variação negativa, superior a % do resultado apresentado, as partes poderão estabelecer novos valores, e a Adquirente poderá enjeitar o negócio;

6. As partes se comprometem a colaborar durante a realização dos trabalhos de due diligence, disponibilizando as informações e os documentos necessários para permitir a apresentação do relatório final;

7. Confidencialidade: As partes estabelecem que as informações obtidas por ocasião do presente instrumento serão tratadas, mesmo após o encerramento desse instrumento, como absolutamente sigilosas e confidenciais, inclusive as informações escritas, orais ou digitais reveladas à outra parte, contendo elas ou não a expressão "confidencial", abrangendo informação, tangível ou intangível, podendo incluir, mas não se limitando a: know-how, técnicas, designs, especificações, desenhos, cópias, diagramas, fórmulas, modelos, amostras, fluxogramas, croquis, fotografias, plantas, programas de computador, discos, disquetes, fitas, contratos, folhas de pagamento, planilhas de cálculo, cartões ponto, metas, documentos de identificação de funcionários, planos de negócios, processos, projetos, conceitos de produto, especificações, amostras de ideias, clientes, nomes de revendedores e/ou distribuidores, preços e custos, definições e informações mercadológicas, invenções e ideias, receitas e despesas das empresas e outras informações técnicas, financeiras, comerciais ou de uso do setor de recursos humanos.

8. Exclusividade: Durante o período de negociação os Vendedores se comprometem a não ofertar ou disponibilizar informações relativas à EMPRESA para terceiros.

9. Inação: As partes se comprometem a não realizarem o lançamento dos seguintes produtos durante o período de negociação:
[...] <relacionar>

10. Penalidades: O descumprimento das obrigações previstas nesse instrumento sujeitará o infrator ao pagamento de multa de R$ (reais), sem prejuízo das demais cominações legais e da apuração dos demais prejuízos causados.

11. Fechamento: Por estarem justos e acertados, firmam o presente instrumento em 3 (três) vias de igual teor e forma.

Vendedor 1:

Vendedor 2:

Comprador:

ANEXO 2 – CONTRATO DE AQUISIÇÃO

COMPROMISSO PARTICULAR DE PROMESSA DE COMPRA E VENDA DE QUOTAS DE SOCIEDADE LIMITADA

IDENTIFICAÇÃO DAS PARTES CONTRATANTES:

VENDEDORES:
(A) SÓCIO 1, qualificar;
(B) SÓCIO 2, qualificar;

COMPRADORES:
(I) QUALIFICAR, adquirindo na proporção de 100% (cem por cento) das quotas ora negociadas.

As partes acima identificadas têm, entre si, justo e acertado o presente Compromisso Particular de Promessa de Compra e Venda de Quotas de Sociedade Limitada, que se regerá pelas cláusulas seguintes e pelas condições descritas no presente.

DO OBJETO DO CONTRATO:
Cláusula 1ª. O presente contrato tem como OBJETO a alienação de quotas sociais de propriedade dos VENDEDORES na sociedade limitada a seguir discriminada:

SOCIEDADE		
EMPRESA LTDA - CNPJ		
SÓCIO	QUOTAS	PARTICIPAÇÃO
SÓCÍO 1	50.000,00	50%
SÓCÍO 2	50.000,00	50%

Parágrafo Primeiro: Os VENDEDORES declaram para todos os fins de direito que a participação acima citada representa a integralidade das quotas que possuem na sociedade anteriormente nominada.

Parágrafo Segundo: A partir da assinatura do presente contrato, os COMPRADORES estarão imediatamente revestidos dos direitos relacionados às quotas da sociedade descrita no preâmbulo desta Cláusula, sendo assinada entre todos os contratantes no prazo de 30 (Trinta) dias a contar da assinatura deste instrumento a competente alteração societária da pessoa jurídica.

Parágrafo Segundo: A presente transação contempla a transmissão dos direitos da marca nominativa e figurativa EMPRESAr (Registro no INPI nº), a cessão da carteira de clientes e de recebíveis, o acesso irrestrito a informações contábeis e de ordem financeira, contabilizadas ou não, bem como a transmissão do nome empresarial e do nome fantasia, ficando os COMPRADORES investidos nos referidos direitos a partir da presente data.

DO PREÇO:
Cláusula 2ª. Pela presente transação as partes estabelecem que o valor do negócio é de R$ (reais), cujo montante é fracionado em 80 (Oitenta) parcelas fixas, iguais, consecutivas e sem correção de R$ (reais) cada, pagas pelos COMPRADORES aos VENDEDORES sempre aos dias 10 de cada mês, iniciando-se a primeira em _/_/_ e tendo por último vencimento o dia _/_/_.
Parágrafo Primeiro: O inadimplemento de qualquer das parcelas acarretará incidência de multa moratória de 10% (dez por cento) sobre o valor devido, assim como juros moratórios de 1% (um por cento) ao mês e correção monetária pela variação positiva do IGP-M/FGV.

Parágrafo Segundo: O recebimento em atraso de qualquer das parcelas efetivar-se-á como mera liberalidade, não se configurando, por isso, mesmo no caso de reiteração, novação, transigência ou alteração do presente instrumento, além do que a prestação só se considerará integralmente quitada se o pagamento estiver acrescidos dos encargos previstos neste instrumento.

Parágrafo Terceiro: Confiada a cobrança de quaisquer atrasos ou o presente contrato por inadimplência a advogado, independentemente da multa, juros de mora e demais encargos ou sanções previstas neste contrato, responderá a parte inadimplente pelas custas processuais, despesas efetuadas e honorários advocatícios, estes fixados, desde já, em 10% (Dez por cento) em caso de cobrança extrajudicial, ou 20% (vinte por cento) em caso de cobrança judicial.

Parágrafo Quarto: Ressalvadas as hipótese de atraso injustificado no pagamento, os COMPRADORES poderão suspender os pagamentos nas hipóteses e condições excepcionais definidas neste instrumento.

Cláusula 3ª. Convencionam as partes que o preço total do negócio foi obtido através do valor de avaliação da sociedade e da participação societária dos VENDEDORES, incluindo os ativos e parte dos passivos da sociedade, tal como seu acervo patrimonial.

Parágrafo Primeiro: Os COMPRADORES responsabilizam-se por todas as obrigações tributárias, trabalhistas, civis, administrativas, entre outras modalidades relacionadas à sociedade ou à atividade empresarial, originadas a partir da presente data.

Parágrafo Segundo: Os COMPRADORES assumem a responsabilidade até o limite de R$ (reais) pelos passivos descritos na Due Diligence, item "Balanço de Determinação" do documento intitulado como "Due Diligence - EDATA", o qual é recepcionado como anexo e faz parte integrante e indivisível do presente instrumento, sendo assinado em conjunto pelas partes.

Parágrafo Terceiro: Com ressalva ao parágrafo acima, os VENDEDORES assumirão integralmente os débitos ainda não materializados até a presente data, suportando inclusive os consectários moratórios decorrentes da impontualidade do pagamento dos aludidos débitos.

Parágrafo Quarto: Para garantia do cumprimento da obrigação do Parágrafo Terceiro, os COMPRADORES poderão reter as 40 (Quarenta) últimas parcelas do pagamento descrito na Cláusula 2ª no intuito de resguardar a quitação dos débitos, independentemente de qualquer notificação.

Parágrafo Quinto: Na hipótese de surgimento de contingências não mencionadas no Anexo, ainda que as mesmas não estejam constituídas definitivamente, desde já fica autorizada a retenção dos pagamentos.
Parágrafo Sexto: Acaso as parcelas retidas não sejam suficientes para liquidar as obrigações, caberá direito de regresso por parte dos COMPRADORES em face dos VENDEDORES.

Parágrafo Sétimo: Demonstrando os VENDEDORES que o passivo não circulante encontra-se integralmente quitado e/ou extinto por conta de prescrição ou decadência, serão retomados os pagamentos por parte dos COMPRADORES sem qualquer incidência de consectários moratórios.
Parágrafo Oitavo: Os COMPRADORES ficam desde já investidos da presente cláusula mandato para negociar quaisquer dívidas e obrigações contraídas pela sociedade enquanto não averbada a alteração contratual da sociedade descrita na Cláusula Primeira, outorgando os VENDEDORES ilimitados poderes para que possam os adquirentes negociar com qualquer credor da sociedade objeto da presente transação.

CLÁUSULA PENAL:

Cláusula 4ª. As partes obrigam-se a respeitar o presente contrato em todas as suas cláusulas e condições, no entanto, a parte que infringir disposições contratuais incorrerá em multa estipulada em 20% (vinte por cento) sobre o valor do negócio jurídico, juros de 1% (um por cento) ao mês e correção monetária pela variação positiva do IGP-M/FGV, independentemente da apuração das perdas e danos, as quais serão integralmente indenizadas a qualquer tempo.

Cláusula 5ª. Constituem ainda, causas de rescisão do contrato:

a) Cessão, promessa de cessão de direitos e obrigações deste contrato, ou alienação de qualquer forma, sem anuência expressa dos VENDEDORES;

b) O não pagamento das obrigações financeiras da empresa;

c) A insolvência ou incapacidade financeira para adimplir o contrato;

Parágrafo Único: O direito de escolha entre a rescisão do contrato ou sua execução caberá aos COMPRADORES.

DECLARAÇÃO DE CONHECIMENTO INTEGRAL DO CONTRATO:

Cláusula 6ª. Os contratantes declaram expressamente que:

a) As cláusulas e condições ora descritas são de integral compreensão e alcance dos objetivos do presente negócio, pelo que nada poderão alegar sobre não terem conhecimento;

b) As partes declaram que as obrigações ora assumidas neste instrumento estão em consonância com sua capacidade econômico-financeira;

c) Obrigam-se as partes a guardar, tanto na execução como na conclusão do presente contrato os princípios da probidade e da boa-fé.

DAS COMUNICAÇÕES, NOTIFICAÇÃO E INTERPELAÇÃO:

Cláusula 7ª. Para quaisquer efeitos e finalidades previstos neste instrumento, as comunicações, notificações, e interpelações de qualquer das partes far-se-ão por escrito e serão consideradas efetivadas quando entregues pessoalmente contra recibo ou remetidas pelo correio, sob registro, ao endereço constante no contrato, renunciando a qualquer outro. Neste ato, autorizam, se não for possível nas estabelecidas acima, a sua convocação, intimação, notificação ou citação, através da publicação por edital. Qualquer mudança de endereço das partes deverá ser imediatamente comunicada à outra.

DA IRRETRATABILIDADE E IRREVOGABILIDADE:

Cláusula 8ª. O presente contrato é celebrado sob a condição expressa de sua irrevogabilidade e irretratabilidade, ressalvando o eventual inadimplemento das partes, renunciando os contratantes, expressamente, à faculdade de arrependimento concedida pelo Artigo 420 do Código Civil.

DAS DISPOSIÇÕES GERAIS:

Cláusula 9ª. Cada disposição deste contrato é autônoma, e em caso de qualquer termo ou disposição ser considerada ilegal, inválida ou inexequível por qualquer motivo, tal ilegalidade, invalidade ou inexequibilidade não afetará a validade do restante deste instrumento ou de qualquer outra de suas disposições, sendo que a disposição ilegal, inválida ou inexequível será considerada pelas partes substituída por uma disposição a ser minutada entre os contratantes, de tal forma que o contexto seja legalmente válido e que realize tão próximo quanto possível a finalidade e a intenção da disposição inválida.

Cláusula 10. O presente contrato passará a valer, entre as partes, a partir da assinatura pelas mesmas, obrigando-se também os herdeiros e sucessores a bem cumpri-lo.

DA CONFIDENCIALIDADE:
Cláusula 11. As partes comprometem-se a assumir o mais estreito sigilo e confidencialidade acerca das informações relativas à presente negociação, tal como em relação às informações da empresa, especificamente no tocante a resultados comerciais, estratégicos, técnicos, financeiros, composição societária e qualquer outro assunto relacionado à estrutura ou características internas da pessoa jurídica em questão.

DA NÃO CONCORRÊNCIA:
Cláusula 12. Os VENDEDORES se comprometem por este instrumento e pelo prazo de 10 (Dez) anos a contar da data de sua assinatura a não envolverem-se direta ou indiretamente com atividades empresariais similares, sendo doravante fixado o dever de não concorrência por um decênio, sob pena de responderem pelas perdas e danos a que derem causa bem como por uma multa no importe de R$ (reais).

DO FORO:
Cláusula 13. Para dirimir quaisquer controvérsias oriundas do presente instrumento, as partes elegem o foro da comarca de São Paulo/SP, com renúncia a qualquer outro por mais privilegiado que seja.

Por estarem assim justos e contratados, firmam o presente instrumento, em duas vias de igual teor, juntamente com 02 (duas) testemunhas.

São Paulo/SP, 25 de março de 2018.

VENDEDORES:

SÓCIO 1	SÓCIO 2
CPF nº	CPF nº

COMPRADOR:

COMPRADOR
CPF nº
Testemunhas:

________________	________________
Nome:	Nome:
CPF:	CPF:

ANEXO 3 – ACORDO DE SÓCIOS

ACORDO DE SÓCIOS

NOME EMPRESARIAL
CNPJ n° 00.000.000/0000-00
NIRE n° 000000000000

INTRODUÇÃO
Através deste instrumento particular, as partes abaixo designadas, ora contratantes, todos maiores de 18 (dezoito) anos, no pleno gozo de sua capacidade civil, nomeados e qualificados neste documento, têm entre si por justo e contratado, na forma que segue, este Acordo de Sócios, cujas cláusulas estabelecem e aceitam de vontade completamente livre e espontânea, obrigando-se reciprocamente ao cumprimento integral e completo de suas disposições, a partir da presente data, independentemente do registro deste ato perante os órgãos competentes, para fins de publicidade.

I. PARTES
I.1. São partes signatárias deste Acordo de Sócios os sócios da sociedade empresária <nome empresarial>, doravante denominados, em conjunto, "Partes" ou "Sócios", aqui divididos em Grupos Societários, e assim qualificados:
a) GRUPO A: qualificar;
b) GRUPO B: qualificar;
c) GRUPO C: qualificar;

I.2. Todos os descendentes de cada uma das Partes deverão, ao adquirirem capacidade civil, ratificar este Acordo de Sócios, sendo este procedimento extensivo aos cônjuges.

I.3. Cada um dos Grupos terá um Representante no Conselho de Sócios, já definidos, neste ato, nos termos do item I.1.

II. DEFINIÇÕES
"Acordo": este Acordo de Sócios;
"Administrador": a pessoa responsável pela prática dos atos em nome da Sociedade, nos termos do Contrato Social;
"Herdeiro(s)": todos os herdeiros ou sucessores legais das Partes, incluindo seus cônjuges;
"Parte": qualquer uma das Partes deste Acordo;
"Partes": as partes contratantes deste Acordo de Sócios, indicados no item I.1., quando em conjunto;
"Sócio": qualquer uma das Partes deste Acordo;
"Sócios": as partes contratantes deste Acordo de Sócios, indicados no item I.1., quando em conjunto;
"Sociedade": a sociedade <nome empresarial>, <qualificação>;

III. OBJETIVOS
III.1. São objetivos deste acordo:
a) Garantir a aplicação das melhores práticas de governança corporativa na gestão da Sociedade, especialmente a transparência da administração, a equidade na rela-

ção entre os Sócios, a prestação regular de contas nos assuntos administrativos, e a ética dos negócios no relacionamento dos Sócios entre si e com o mercado;
b) Assegurar a unificação da família, de acordo com a livre vontade de todas as Partes signatárias;
c) Planejar conjuntamente as ações e negócios relativamente aos imóveis pertencentes aos Sócios;
d) Respeitar entre as partes o direito de preferência entre a família, assim entendidas as Partes signatárias, para aquisição das participações societárias entre si;
e) Reforçar a comunhão de interesses com o objetivo de angariar lucros e garantir a rentabilidade dos investimentos.

III.2. As Partes são obrigadas a guardar os princípios da probidade e da boa-fé na prática ou execução de quaisquer atos entre si e relativamente à Sociedade, observando sempre os objetivos gerais aqui fixados como vetor orientativo.

IV. PRAZO
IV.1. Este Acordo é celebrado em caráter irrevogável e irretratável, por prazo indeterminado, a contar desta data.

IV.2. Este Acordo somente poderá ser aditado ou modificado, para atender a novas necessidades das Partes ou da Sociedade, mediante instrumento escrito do qual conste explícita e literal revisão das suas cláusulas e condições, com a concordância unânime de todas as Partes.

V. CONSELHO DE SÓCIOS
V.1. O Conselho de Sócios será composto por 3 (três) membros com direito a voto, um Representante de cada Grupo, obrigatoriamente sócios.

V.1.1. No caso de afastamento temporário, o Representante do Grupo deverá comunicar o fato aos demais, podendo, em caso de deliberação, nesse caso, fazer-se representar por procurador com poderes específicos.

V.1.2. No caso de ausência permanente ou falecimento, <estabelecer condições para nomeação de novo representante>.

V.2. Os votos de cada grupo são independentes, com igual valor.

V.3. As reuniões do Conselho de Sócios serão convocadas sempre que os sócios julgarem necessário.

V.4. A cadeira no Conselho de Sócios para os sócios nomeados neste ato é vitalícia.

V.5. As reuniões ordinárias ou extraordinárias do Conselho serão sempre convocadas por 1 (um) membro, obedecendo obrigatoriamente às disposições seguintes:
a) convocação para reuniões ordinárias se dará sempre por e-mail ou outra forma de comunicação documentada, com antecedência de no mínimo 3 (três) dias úteis, discriminando data, local, horário e pauta;
b) convocação para reuniões extraordinárias se dará sempre por e-mail ou outra forma de comunicação documentada, com antecedência de no mínimo 5 (cinco) dias úteis, discriminando data, local, horário e pauta.

V.6. As reuniões ordinárias e extraordinárias do Conselho de Sócios realizar-se-ão em local de livre escolha entre os sócios, devidamente designado no ato da convocação.

V.7. Dispensa-se a convocação na forma do item V.5, quando estiverem presentes e concordes todos os sócios.

V.8. O Conselho de Sócios terá 1 (uma) reunião ordinária anual, no mínimo, sendo designada a data e local já na reunião ordinária do ano anterior, pelos seus membros.

V.9. O conselheiro não poderá se ausentar da reunião sem justificativa.

V.10. O conselheiro poderá votar à distância através de decisão antecipada, por carta assinada pelo próprio punho ou e-mail pessoal.

V.11. O conselheiro poderá ser representado por 1 (um) procurador com poderes específicos para proferir determinado voto, por prazo máximo de 90 (noventa) dias.

V.12. O quórum mínimo necessário para as reuniões do Conselho de Sócios é de maioria absoluta dos Grupos Societários.

V.13. Estão sujeitas a aprovação do Conselho de Sócios, por unanimidade, os seguintes atos:
a) Criação de novas empresas, ligadas, coligadas ou controladas pela Sociedade;
b) Fusão, cisão, incorporação, transformação;
c) examinar e aprovar nível de endividamento e empréstimos a serem contraídos pela Empresa para execução do objetivo social;
d) autorizar a compra e venda de bens imóveis do ativo da Sociedade;
e) fixar remuneração para os Conselheiros;
f) aprovar aumento do capital social da Sociedade, por meio de subscrição e integralização em moeda corrente, bens, títulos ou direitos;
g) aprovar os relatórios de administração, balanços semestrais e anuais, plano de trabalho e orçamentos anuais, plano de investimentos e programas de expansão da Empresa;
h) destituir e nomear os Administradores da Sociedade;
i) autorizar a instalação de escritórios e a abertura de filiais da Sociedade.

V.14. Estão sujeitas a aprovação do Conselho de Sócios, por no mínimo 2/3 (dois terços) da soma total da participação dos Grupos Societários, os seguintes atos:
a) definir o calendário das reuniões ordinárias do Conselho de Sócios, assim como o local da reunião;
b) contratar empresa ou profissional de auditoria e consultoria;
c) avaliar periodicamente o desempenho da Empresa, fiscalizando o cumprimento dos objetivos estabelecidos e a execução das medidas da Administração;
d) fiscalizar a gestão da Administração da Sociedade;
e) fixar as diretrizes, políticas e objetivos básicos a médio e longo prazo, para a Sociedade vinculada ao presente Acordo;
f) examinar a qualquer tempo os livros, papéis e contratos da Sociedade;

V.14. As decisões deverão ser registradas em ata e assinadas pelos Conselheiros ou procuradores que as aprovarem, sendo facultativa a assinatura pelo Conselheiro vencido. Para facilitar os trabalhos, as reuniões poderão ser gravadas.

VI. REMUNERAÇÃO DOS SÓCIOS

VI.1. O Conselho de Sócios deliberará pela distribuição de lucros na reunião anual ordinária, na proporção das quotas possuídas pelos sócios.

VI.2. Poderão ser pagos aos sócios juros sobre o capital próprio, mensalmente, nos termos do Código Civil, exceto quando a unanimidade do Conselho de Sócios decidir por outra forma de remuneração de capital.

VI.3. No caso de a Sociedade não possuir atividade específica ou faturamento suficiente no ano fiscal, não serão pagos juros sobre capital próprio.

VI.4. O pro labore dos membros do Conselho de Sócios será fixado por decisão do Conselho de Sócios na reunião ordinária anual.

VI.5. Sócios que não forem representantes no Conselho de Sócios não terão direito a pro labore.

VII. SUCESSÃO

VII.1. Serão admitidos na Sociedade os herdeiros e sucessores legais dos Sócios, mediante as seguintes condições:

a) Os novos Sócios deverão concordar e anuir expressamente com todas as cláusulas e condições do contrato social e do presente acordo, bem como de outros acordos de sócios posteriormente firmados;

VII.2. No caso de descumprimento da condição acima explicitada, as quotas do herdeiro ou sucessor legal serão liquidadas, com pagamento na forma descrita na Cláusula VIII.7.

VIII. CESSÃO E DIREITO DE RETIRADA

VIII.1. O sócio que desejar ceder ou transferir suas quotas deverá notificar os demais integrantes do seu próprio Grupo, bem como os demais sócios para, nessa ordem, exercerem seu direito de preferência, nos prazos abaixo identificados, através de Carta Protocolada cujo recibo deverá ser assinado de próprio punho, individualmente, especificando preço, prazo e foram de pagamento.

VIII.2. O interessado deverá aguardar os prazos para exercício de preferência e veto.

VIII.3. São critérios para exercício do direito de preferência os seguintes:

VIII.3.1. O direito de preferência obedecerá à seguinte ordem de preferência: primeiramente os membros do próprio Grupo; em segundo lugar, os demais sócios.

VIII.3.2. Os sócios terão prazo de até 10 (dez) dias para manifestação.

VIII.3.3. No caso de haver dupla manifestação positiva pelo direito de preferência, em condições idênticas, e na mesma ordem de preferência esse será exercido na proporção da participação societária dos proponentes.

VIII.3.4. O terceiro interessado só ingressará na sociedade após expressa aceitação por decisão unânime do Conselho de Sócios, com a condição de que faça adesão a este Acordo Societário.

VIII.3.5. Cada um dos membros do Conselho de Sócios possui direito a veto para entrada de terceiro interessado.

VIII.3.6. O direito a veto somente poderá ser exercido quando o interessado não seja integrante da Sociedade.

VIII.3.7. Caso o interessado tenha o seu ingresso na sociedade vetado, o sócio que colocou suas quotas em disponibilidade deverá, se for sua vontade, exercer o direito de retirada da sociedade na própria reunião, para a qual ficam estabelecidas as seguintes condições:
a) será levantado no prazo de 90 (noventa) dias, balanço específico e real, a ser realizado por empresa ou profissional de auditoria nomeado especificamente para esse fim pelo Conselho de Sócios, de reconhecida idoneidade no mercado;
b) os bens imóveis serão no mesmo prazo avaliados por profissional habilitado e de reconhecida idoneidade;
c) os direitos e haveres do sócio dissidente serão pagos a ele em 48 (quarenta e oito) parcelas mensais, iguais e consecutivas, a primeira no prazo de 30 (trinta) dias após a apresentação do balanço a que alude o item "a", corrigidas mensalmente pela TJLP;
d) o Balanço Patrimonial referido no item "a" será elaborado considerando os seguintes preceitos:
(i) os valores financeiros que integram o Ativo Circulante e o Passivo Circulante serão registrados a valor presente;
(ii) os valores dos estoques serão avaliados pelo valor da última compra efetuada para cada item;
(iii) os créditos a receber serão expurgados dos valores vencidos há mais de 90 (noventa) dias, exceto se houver previsão efetiva de seu recebimento ou estarem revestidos de garantias;
(iv) as eventuais provisões ativas decorrentes de estimativas contingenciais serão expurgadas do ativo;
(v) os valores dos bens do Ativo Permanente serão determinados através de laudos especiais de avaliação elaborados por especialistas nos respectivos bens;
(vi) os valores que compõem o Passivo Circulante remanescente serão determinados pelo valor presente até a data do evento, considerando-se eventuais encargos decorrentes de atrasos ou inadimplências;
(vii) os valores de provisões passivas decorrentes de contingenciamentos deverão levar em consideração: 1) situação jurídica original do débito; 2) estágio de eventual ação administrativa ou judicial; 3) decisões anteriores de natureza administrativa ou judicial de ocorrência similar; 4) opinião formal do corpo jurídico responsável por eventuais questionamentos administrativos ou judiciais; 5) outras informações consideradas relevantes para previsão da finalização do contingenciamento;
(viii) os demais itens ativos e passivos deverão, tanto quanto possível, observar as mesmas disposições fixadas para os demais itens identificados para as respectivas determinações de seus valores, e levarão sempre em consideração o bom senso na respectiva avaliação;
(ix) o Patrimônio Líquido será determinado pela redução do Ativo Total do Passivo sujeito a exigibilidades e o respectivo valor apropriado aos sócios segundo a parti-

cipação de cada um no capital social. O valor apropriado a cada sócio será o valor devido em caso de falecimento, exclusão, retirada ou qualquer outra modalidade de saída do quadro societário, exceto quando houver cisão societária;
(x) os eventuais débitos ou créditos que deixarem de integrar o Balanço Patrimonial, a que se refere esta Cláusula, cujos fatos geradores ocorreram até a data do evento, serão objeto de ajuste entre a sociedade e o sócio retirante, ou seus sucessores, nos mesmos termos ajustados nesta Cláusula;
e) a forma de pagamento acima estabelecida deverá observar as condições a seguir expostas:
(i) o valor devido ao sócio retirante poderá ser quitado mediante dação em pagamento de bens imóveis;
(ii) nesse caso, não poderá haver prejuízo ao funcionamento operacional da Sociedade;
(iii) se o imóvel negociado estiver ocupado pela organização da própria Sociedade, deverá ser elaborado contrato de locação, cujo valor será estabelecido pela menor das avaliações de 3 (três) profissionais especialistas e de idoneidade reconhecida, por período não inferior a 5 (cinco) anos;
(iv) os imóveis dados em pagamento deverão estar desembaraçados de qualquer ônus;

VIII.3.8. O direito de retirada espontânea pode ser exercido independentemente da existência de terceiro interessado, desde que o sócio retirante ofereça as suas quotas pelo preço, prazo e forma de pagamento que lhe convier, para exercício do direito de preferência na forma acima especificada.

VIII.3.9. Não havendo interesse do Grupo ou dos sócios nas condições ofertadas, o direito de retirada se processará na forma descrita na Cláusula VIII.3.7.

VIII.3.10. Os sócios renunciam ao direito de retirada no momento da modificação do contrato social, da fusão da sociedade, incorporação de outra, ou dela por outra.

VIII.3.11. Por deliberação unânime dos sócios, poderá haver antecipação de pagamento de parcelas, da última para a primeira, desde que não afete a situação econômico-financeira da Sociedade.

VIII.4. O direito de preferência deverá ser exercido nos prazos indicados e mediante expressa manifestação, significando o silêncio, após o decurso do prazo, desistência do direito.

VIII.5. Os sócios não poderão oferecer suas quotas em garantia ou onerá-las voluntariamente de qualquer forma.

IX. FALECIMENTO DE SÓCIO
IX.1. O falecimento de qualquer dos Sócios não dissolverá a Sociedade nem a liquidará; os herdeiros do Sócio falecido exercerão, enquanto não realizado o inventário e a partilha dos bens, seus direitos na forma da lei civil, designando ainda por escrito um dos herdeiros para que o represente no Conselho de Sócios.

IX.2. Após a conclusão da partilha, os herdeiros poderão ingressar na sociedade, desde que observem as condições deste Acordo de Sócios e do contrato social, assinando-os.

IX.3. Na hipótese de o herdeiro não ingressar na Sociedade, por qualquer razão, seus haveres serão apurados na forma descrita no Capítulo anterior.

X. MULTA
X.1. Fica instituída uma multa em dinheiro a ser revertida para o caixa da empresa, valor a ser apurado segundo o respectivo patrimônio líquido, por qualquer das partes que, dolosa ou fraudulentamente, desrespeitem as regras estabelecidas para cessão e transferência de quotas, no valor correspondente a 10% (dez por cento) do valor real da participação societária do Sócio.

X.2. Os sócios reconhecem expressamente que o pagamento da multa não constituirá compensação ou permissão para o descumprimento das obrigações assumidas neste instrumento, estando o inadimplente ainda sujeito às perdas e danos, responsabilidade civil, criminal, e a anulação do ato.

XI. FORO
XI.1. Qualquer divergência ou controvérsia decorrente da interpretação ou execução deste contrato, ou a ele concernente, deverá ser definitivamente solucionada pelo juízo da Comarca de Balneário Camboriú/SC.

XII. COMUNICAÇÕES ENTRE AS PARTES
XII.1. Todos os avisos, comunicações, convocações, notificações, renúncias, desistências ou consentimentos previstos neste instrumento serão formulados ao Representante do Grupo por escrito, mediante carta protocolada em mãos ou carta enviada pelo correio com AR (aviso de recebimento) e MP (mão própria), ou ainda notificação notarial, ou ainda, por correio eletrônico, nos endereços preambularmente informados.

XII.2. Qualquer modificação de endereço, estado civil, e-mail ou outro dado pessoal das pessoas referidas neste Acordo deverá ser imediatamente comunicada aos demais Sócios.

XIII. DISPOSIÇÕES GERAIS
XIII.1. Este Acordo regula objetivamente as relações entre os Sócios e a Sociedade.

XIII.2. As empresas criadas ou adquiridas deverão ter sua vinculação ou liberação aos termos deste Acordo aprovadas no Conselho de Sócios por decisão unânime.

XIII.3. Os Sócios poderão participar em outras empresas, desde que respeitem as condições deste Acordo.

XIII.4. Os Sócios são obrigados, quando assim se fizer necessário a assinar alteração, adaptação e consolidação dos contratos sociais das empresas aqui citadas, com cláusulas no mesmo teor deste instrumento.

XIII.5. Os termos e condições aqui estabelecidos substituem todo e qualquer acordo anteriormente realizado entre as partes, verbalmente ou por escrito.

XIII.6. Uma cópia do presente Acordo será arquivada na sede da Sociedade, possuindo eficácia imediata entre as Partes, seus herdeiros e sucessores legais.

XIII.7. O presente acordo poderá ser levado a registro no órgão competente.
E por estarem assim justos e contratados assinam o presente instrumento em 05 (cinco) vias, perante duas testemunhas que também firmam.

São Paulo – SP, 26 de março de 2018.

____
SÓCIO 1
CPF nº

____
SÓCIO 2
CPF nº

____
SÓCIO 3
CPF nº

____________________ ____________________
(Testemunha 1) (Testemunha 2)

____
Visto do advogado
ADVOGADO
OAB/SP